U1008411

环境规制

对工业生态效率的影响研究

卢燕群　著

Research on the Influence of Environmental Regulation on Industrial Ecological Efficiency

企业管理出版社
ENTERPRISE MANAGEMENT PUBLISHING HOUSE

图书在版编目（CIP）数据

环境规制对工业生态效率的影响研究/卢燕群著. —北京：企业管理出版社，2021.10

ISBN 978-7-5164-2452-0

Ⅰ. ①环… Ⅱ. ①卢… Ⅲ. ①环境规划—影响—工业经济—研究—中国 Ⅳ. ①F42

中国版本图书馆 CIP 数据核字（2021）第 157248 号

书　　名： 环境规制对工业生态效率的影响研究
书　　号： ISBN 978-7-5164-2452-0
作　　者： 卢燕群
策　　划： 侯春霞
责任编辑： 侯春霞
出版发行： 企业管理出版社
经　　销： 新华书店
地　　址： 北京市海淀区紫竹院南路 17 号　　**邮编：** 100048
网　　址： http：//www. emph. cn　　**电子信箱：** pingyaohouchunxia@163. com
电　　话： 编辑部（010）68420309　　发行部（010）68701816
印　　刷： 北京虎彩文化传播有限公司
版　　次： 2022 年 1 月第 1 版
印　　次： 2022 年 1 月第 1 次印刷
开　　本： 710mm×1000mm　1/16
印　　张： 12 印张
字　　数： 168 千字
定　　价： 68.00 元

版权所有　翻印必究 · 印装有误　负责调换

前　言

改革开放以后，我国工业化进程不断加快，工业经济规模得到前所未有的提升，工业成为经济增长的中流砥柱。工业经济的崛起不仅促进了经济的迅速发展，也大大提升了我国经济的国际竞争地位。总体而言，我国已经实现了从落后的“农业大国”向工业体系较为完善的“工业大国”的历史性转变。但是，与其他工业化国家一样，在实现工业化的进程中也产生了严重的生态环境问题。生态环境保护与工业经济发展之间的矛盾日益突出，不仅危害着人类健康，而且对经济的可持续发展形成阻碍。能否实现工业经济与生态环境之间的协调发展，促使工业生态效率得到提升，是事关我国能否实现从“工业大国”向“工业强国”转变，以及实现经济可持续发展的关键。

由于外部性、公共产品性、环境信息不对称性等问题的广泛存在，仅靠市场机制本身进行调节难以有效地解决环境污染问题，环境规制被视为解决市场失灵和保护生态环境的重要途径。关于环境规制对工业生态效率影响的研究，学术界尚未形成统一的研究结论和理论体系。本书在对已有文献进行系统梳理和归纳总结的基础上，从传导机制、空间效应以及环境规制工具三个角度，构建了环境规制对工业生态效率影响的理论分析框架；接下来选取了除西藏、香港、澳门以及台湾之外的我国30个省份作为研究对象，对其工业生态效率进行了测算和分析；然后，围绕本书构建的理论分析框架，分别从三个角度进行了实证研究。本书主要得到以下研究结论。

第一，我国工业生态效率呈现出逐渐改善的发展态势，但整体水平仍然偏低，而且具有较强的区域差异性。从动态的发展过程来看，大部分省份的工业生态效率都有所提高，但整体水平仍然位于较低值，这反映出环境规制的必要性与紧迫性。通过变异系数分析方法发现，工业生态效率的变异系数值一直在0.44以上，反映出省份之间的工业生态效率具有较强的差异性。通过聚类分析和空间四分位图发现，工业生态效率具有明显的空间分布规律，呈现出自西向东逐渐提高的空间发展格局。

第二，环境规制对工业生态效率的影响存在中介效应。本书在对已有文献进行总结的基础上，分析了环境规制可能通过哪些传导变量对工业生态效率产生影响，最终形成了外商直接投资、技术创新、工业结构以及对外贸易四条传导路径。通过构建中介效应模型对各个传导路径是否成立进行检验发现，环境规制对各个传导变量均具有显著影响，四个传导变量都通过了中介效应检验。环境规制不仅直接对工业生态效率产生影响，而且还会通过中介变量的传导效应对工业生态效率产生影响。进一步分析发现，环境规制与各个传导变量和工业生态效率还存在着非线性关系，环境规制过于严格或者宽松都是不可取的。

第三，在环境规制策略互动的作用下，工业生态效率存在显著的空间效应。本书结合环境规制的传导机制和地方政府竞争理论，对环境规制策略互动的产生机制进行了分析。通过探索性空

前　言

改革开放以后，我国工业化进程不断加快，工业经济规模得到前所未有的提升，工业成为经济增长的中流砥柱。工业经济的崛起不仅促进了经济的迅速发展，也大大提升了我国经济的国际竞争地位。总体而言，我国已经实现了从落后的“农业大国”向工业体系较为完善的“工业大国”的历史性转变。但是，与其他工业化国家一样，在实现工业化的进程中也产生了严重的生态环境问题。生态环境保护与工业经济发展之间的矛盾日益突出，不仅危害着人类健康，而且对经济的可持续发展形成阻碍。能否实现工业经济与生态环境之间的协调发展，促使工业生态效率得到提升，是事关我国能否实现从“工业大国”向“工业强国”转变，以及实现经济可持续发展的关键。

由于外部性、公共产品性、环境信息不对称性等问题的广泛存在，仅靠市场机制本身进行调节难以有效地解决环境污染问题，环境规制被视为解决市场失灵和保护生态环境的重要途径。关于环境规制对工业生态效率影响的研究，学术界尚未形成统一的研究结论和理论体系。本书在对已有文献进行系统梳理和归纳总结的基础上，从传导机制、空间效应以及环境规制工具三个角度，构建了环境规制对工业生态效率影响的理论分析框架；接下来选取了除西藏、香港、澳门以及台湾之外的我国30个省份作为研究对象，对其工业生态效率进行了测算和分析；然后，围绕本书构建的理论分析框架，分别从三个角度进行了实证研究。本书主要得到以下研究结论。

第一，我国工业生态效率呈现出逐渐改善的发展态势，但整体水平仍然偏低，而且具有较强的区域差异性。从动态的发展过程来看，大部分省份的工业生态效率都有所提高，但整体水平仍然位于较低值，这反映出环境规制的必要性与紧迫性。通过变异系数分析方法发现，工业生态效率的变异系数值一直在0.44以上，反映出省份之间的工业生态效率具有较强的差异性。通过聚类分析和空间四分位图发现，工业生态效率具有明显的空间分布规律，呈现出自西向东逐渐提高的空间发展格局。

第二，环境规制对工业生态效率的影响存在中介效应。本书在对已有文献进行总结的基础上，分析了环境规制可能通过哪些传导变量对工业生态效率产生影响，最终形成了外商直接投资、技术创新、工业结构以及对外贸易四条传导路径。通过构建中介效应模型对各个传导路径是否成立进行检验发现，环境规制对各个传导变量均具有显著影响，四个传导变量都通过了中介效应检验。环境规制不仅直接对工业生态效率产生影响，而且还会通过中介变量的传导效应对工业生态效率产生影响。进一步分析发现，环境规制与各个传导变量和工业生态效率还存在着非线性关系，环境规制过于严格或者宽松都是不可取的。

第三，在环境规制策略互动的作用下，工业生态效率存在显著的空间效应。本书结合环境规制的传导机制和地方政府竞争理论，对环境规制策略互动的产生机制进行了分析。通过探索性空间数据分析方法对环境规制与工业生态效率的关系进行分析，发现两者具有非常强的空间相关性。因此，进一步构建了空间计量模型，实证结果显示，工业生态效率空间滞后项的回归系数非常显著，说明工业生态效率存在显著的空间效应。本书根据传统计量模型与空间计量模型的回归结果进行了最优环境规制强度的估算，分别为0.5468与0.5715，可见在空间效应约束下算出的最优值大于通过传统计量模型得到的最优值。目前大多数省份的环境规制强度都与最优值存在着较大差距，位于倒U型曲线左边，环境规制强度有待加强。

第四，不同类型的环境规制工具对工业生态效率的影响具有较大的差异性。本书从环境规制工具的角度进行实证研究发现，命令控制型环境规制与工业生态效率呈现倒U型曲线关系，大部分省份的命令控制型环境规制强度并没有达到拐点值，没有表现出抑制效应；市场激励型环境规制与工业生态效率呈现U型曲线关系，大部分省份的市场激励型环境规制还处于曲线左边；公众参与型环境规制与工业生态效率呈现U型曲线关系，大部分省份的公众参与型环境规制强度已经超过了曲线拐点值。

基于上述研究结论，本书从环境规制政策与环境规制工具两个方面提出以下政策建议。

第一，环境规制政策方面。首先，建立环境规制的配套政策体系，充分发挥传导变量的中介效应；其次，加强环保绩效考核，优化地方政府的绩效考核方式，提高政府实施环境规制的积极性；再次，打破空间限制，建立区域环境协同治理机制，避免地方政府陷入环境规制的“囚徒困境”之中；最后，完善环境规制制度与监管机制，切实提高环境规制的绩效水平。

第二，环境规制工具方面。首先，对于大部分省份而言，命令控制型环境规制的强度与最优值还有一定距离，该类型环境规制并没有表现出抑制效应，因此地方政府应当适度提高命令控制型环境规制的强度，并将其维持在合理区间；其次，大力提高市场激励型环境规制的强度，充分发挥市场激励型环境规制工具对工业生态效率的改善作用，鼓励通过市场机制改善生态环境；再次，通过加强宣传教育、完善公众参与制度与信息公开制度等措施，继续提高公众参与型环境规制的强度；最后，地方政府要结合自身实际情况，优化环境规制工具的组合。

综合来看，本书以环境规制对工业生态效率的影响作为研究主题，主要有以下三个方面的创新。

第一，基于传导机制的视角分析并实证检验了环境规制对工业生态效率的影响。已有文献主要基于环境规制对工业生态效率的影响进行直接的实证研究，笔者尚未发现有文献对传导路径进行分析。本书研究有效弥补了已有文献忽略传导机制的不足，为环境规制影响工业生态效率的研究提供了一个新的分析视角。这不仅有利于对环境规制的实施效果做出全面预测和科学评估，而且有利于分析和理解环境规制背后的地方政府行为，对环境规制政策的制定与实施具有重要意义。

第二，基于空间效应的视角分析并实证检验了环境规制对工业生态效率的影响。传统环境规制理论拘泥于地方政府自身的能动性，将地方政府视为独立的个体，忽略了环境规制的策略互动行为。本书以此作为切入点，将空间统计学与空间计量经济学引入环境规制对工业生态效率影响的研究之中，不仅促进了空间计量经济学在生态环境保护领域的应用，而且得出了空间效应会导致地方政府陷入“囚徒困境”的研究结论。这对于转变地方政府的绩效考核方式，建立区域环境协同治理机制具有实践指导意义。

第三，基于环境规制工具的角度分析并实证检验了环境规制对工业生态效率的影响。目前尚未有文献考察环境规制工具对工业生态效率的影响，然而环境规制政策的制定与实施不仅需要考虑到环境规制强度的选取问题，还需要考虑究竟采用何种环境规制工具更为合理的问题。因此，本书进一步将环境规制的研究延伸到环境规制工具的角度上来，就不同类型的环境规制工具对工业生态效率的影响进行研究，弥补了已有文献忽略环境规制工具差异性的不足，对于地方政府落实环境规制政策、优化环境规制工具组合具有重要意义。

目　　录

1 绪　论

1.1 研究背景与意义

1.1.1 研究背景

改革开放以来，我国工业经济规模不断攀升，工业成为推动经济发展的引擎。随着经济总量的不断增长以及产业结构的调整，我国已经实现了从落后的“农业大国”向工业体系较为完善的“工业大国”的历史性转变。随着经济结构的不断调整，近几年来工业增加值占 GDP 的比重虽然有所下降，但仍然在 35%以上[①]，这说明工业经济仍然是经济发展的重要动力源泉，其作为国民经济支撑的重要地位没有发生根本性改变。

工业在推动我国经济快速发展的同时也带来了严重的环境污染问题，工业经济发展所排放的污染物是我国污染物的主要组成部分。究其原因，在于我国在相当长的一段时期中，工业发展依靠的是高投入、高消耗、高污染排放的传统增长模式，工业生态效率较低。资源的过度消耗、环境污染和生态失衡等问题日益加剧，给生态环境造成了巨大压力，影响和制约了工业经济的健康和可持续发展。

从包括我国在内的世界各国的发展经验来看，工业化发展与生态环境保

① 国家统计局《中华人民共和国 2020 年国民经济和社会发展统计公报》。

护总是具有相互冲突与协调的关系。一般来说，在工业化初期，技术水平相对落后，经济资源总量有限，不得不以牺牲环境为代价来换取经济的增长。随着工业化的深入，经济系统的良性循环使得人类可以将更多的技术和资源用于提高资源利用率，改善和保护生态环境。良好的生态环境使得资源的再生能力可以满足经济增长的需要，实现经济与生态环境的良性互动。当前，我国正处于工业转型升级的关键阶段，如何在确保工业高速发展的同时保护好生态环境，提高工业生态效率是亟须解决的重要问题。

随着工业化进程的加快，生态环境保护与工业经济发展之间的矛盾日益突出。这就要求在实现工业经济快速增长的同时，必须扭转对生态环境所带来的负面影响，彻底摒弃把经济发展与环境割裂开来的传统增长模式。在经济社会的生产、流通、消费等各个环节中，要以更小的资源环境消耗产生更大的经济效益，切实提高工业生态效率。否则，我国将难以实现从“工业大国”向“工业强国”转变的目标。

面对生态环境逐步恶化的现状，国家对环保的重视程度也越来越高。“十一五”规划提出了要建立资源节约型、环境友好型社会的发展目标。党的十七大报告首次提出建设生态文明的理念，把生态建设上升到了文明建设的高度。党的十八大报告对生态文明建设进行了专题论述，强调要把生态文明建设摆在“总体布局”的高度来对待，生态文明建设与经济建设、政治建设、文化建设、社会建设一起构成我国“五位一体”的建设总布局。党的十八届三中全会指出要建立系统完整的生态文明制度体系，并将生态文明建设作为“五位一体”总布局中重要的一环。党的十九大报告提出，“必须树立和践行绿水青山就是金山银山的理念，坚持节约资源和保护环境的基本国策”。

实现生态环境与工业经济的协调发展，提高工业生态效率，离不开政府的环境规制。环境问题的改善与否，与环境规制政策、执行力度以及环境规制的绩效水平存在很大关系。为了保护生态环境，我国政府制定了一系列环境规制政策。根据环境保护部的数据，截至 2017 年，累计发布国家环保标准 2038 项，废止标准 285 项，现行标准 1753 项，为环境质量的改善提供了有力支撑。与此同时，各级地方政府也积极采取一系列政策措施对企业在生产过程中的排污行为进行约束，不断加大了环境规制的力度。

综上所述，要实现工业可持续发展，必须提升工业生态效率，通过合理的环境规制措施推进工业转型升级。以工业生态效率作为研究对象，考察环境规制对工业生态效率的影响，显然符合国家发展战略中有关加大生态环境系统保护力度的要求，也符合加强生态文明建设与经济可持续发展的时代背景。本书研究对于制定污染减排的相关政策与制度，指导工业经济发展和模式转变，最终实现生态文明建设的目标具有重要意义。

1.1.2 研究意义

1. 理论意义

第一，丰富了环境规制对工业生态效率影响的理论研究体系，有助于拓展环境规制与工业生态效率相关研究的宽度。

关于环境规制对工业生态效率的影响，学术界尚未形成统一的、完整的理论分析框架。通过分析环境规制的传导机制，不仅可以获悉环境规制如何通过传导变量对工业生态效率产生影响，还能更深入地分析和挖掘环境规制对工业生态效率的深层作用机制。本书研究对环境规制与工业生态效率相关研究范围的拓展具有推动作用，丰富了环境规制对工业生态效率影响的理论研究体系。

第二，促进了空间计量经济学在生态环境保护领域的应用，丰富了环境规制与工业生态效率空间效应的研究成果。

随着空间计量经济学的提出与发展，空间计量经济学在环境与经济领域逐渐成为学术研究前沿。从空间效应的角度分析环境规制对工业生态效率的影响，为空间计量经济学在环保领域的应用提供了可靠的理论依据。因此，本书研究将有助于促进空间计量经济学在生态环境保护领域的应用，丰富环境规制与工业生态效率空间效应的研究成果。

第三，从环境规制工具的角度分析了不同类型环境规制工具对工业生态效率的影响，深化了环境规制对工业生态效率影响的研究。

立足于环境规制工具的角度，对不同类型的环境规制工具进行比较分析，有利于发现环境规制工具对工业生态效率的差异性影响。基于环境规制工具的角度去思考环境规制在改善工业生态效率中的有效性问题，不仅丰富了环境规制的理论研究内容，而且促使环境规制对工业生态效率影响的研究得到深化。

2. 实践意义

第一，研究环境规制影响工业生态效率的传导机制，不仅有利于正确认识环境规制政策的实施效果，也有利于指导制定与环境规制相配套的政策措施。

从传导机制出发，对环境规制影响工业生态效率的传导路径进行理论与实证分析，可以检验传导变量的中介效应有没有得到充分发挥。这将有利于地方政府对环境规制政策的实施效果做出更加科学和全面的评估，制定与环境规制相适应的配套政策措施，如引进外资、产业转移以及能源税收、补贴等，从而既可以规避因实施环境规制政策而对地区经济发展带来的负面影响，也可以有效激发传导变量对工业生态效率的中介效应，促使工业生态效率得到有效提高。

第二，从空间效应的角度实证考察环境规制对工业生态效率的影响，有利于指导地方政府选择合理的环境规制强度，并为转变地方政府的绩效考核方式提供了理论依据。

对环境规制与工业生态效率的空间相关性进行分析，有助于分析和理解环境规制中地方政府之间的关系和行为模式，为我们从地方政府的角度去思考环境规制强度的选择问题提供了逻辑基础。通过构建包含空间效应的计量模型并进行实证研究，可以指导地方政府选择合理的环境规制强度，避免陷入环境规制的“囚徒困境”。此外，传统的经济绩效考核机制是导致环境规制逐底竞争的重要原因，环境规制对工业生态效率影响的空间计量分析为转变地方政府的绩效考核方式提供了理论依据。

第三，从环境规制工具的角度分析和考察环境规制对工业生态效率的影响，有利于指导地方政府在环境规制中选择恰当的规制工具。

针对环境规制工具对工业生态效率的影响进行实证研究，可以准确把握不同类型的环境规制工具对工业生态效率的改善作用，在一定程度上可以降低环境规制对工业生态效率影响的不确定性。因此，从环境规制工具的角度出发进行分析与实证检验，可以指导地方政府结合自身实际情况，选择恰当的环境规制工具，对于优化环境规制工具组合和提高环境规制的绩效水平具有重要意义。

1.2 研究目标与内容

1.2.1 研究目标

目前，绿色经济、循环经济以及可持续发展的理念深入人心，如何通过环境规制提升生态效率是亟须解决的重要问题。虽然已有较多文献对环境规制与生态效率的关系进行了研究，但大多将重点放在环境规制对生态效率的直接影响结果上，忽略了环境规制影响生态效率的传导机制。对于地方政府而言，实施环境规制要考虑环境规制影响工业生态效率的传导机制是什么；除去对工业生态效率的直接影响外，环境规制能否通过其他经济变量对工业生态效率产生影响；既然环境规制还会对其他经济发展的因素造成影响，地方政府又该如何权衡经济的发展与生态环境的保护；在统一的绩效考核机制下，地方政府在规制政策的制定与最优规制强度的选择过程中是否会受到策略互动行为的影响，进而影响工业生态效率的空间分布；不同类型的环境规制工具对工业生态效率的作用是否存在差异。

本书将着重针对以上问题进行研究，试图为地方政府制定环境规制政策，改善工业生态效率和实现工业可持续发展提供相应的技术分析方法和可供参考的政策建议。

1.2.2 研究内容与结构安排

根据研究目标，本书的主要研究内容包括三个方面：第一，从传导变量的角度对环境规制的作用机理进行探索，检验环境规制通过传导变量对工业生态效率产生的影响；第二，在作用机理研究的基础上，结合地方政府竞争理论，分析环境规制策略互动的产生机制，探索环境规制与工业生态效率之间的关系以及最优环境规制强度的选择问题；第三，对环境规制工具进行分类，探索环境规制工具对工业生态效率影响的异质性。相应地，在结构安排上全书共分为 8 个章节，具体如下。

第 1 章为绪论部分。首先，以工业经济发展过程中的环境污染问题为背景，指出本书研究的理论与实践意义；之后，确定了本书的研究目标与研究内容；接下来，对本书的研究思路以及所要采用的研究方法进行了阐述；最后，归纳提炼了本书的创新点以及存在的不足之处。

第 2 章为文献综述。首先，介绍环境规制的概念、规制经济学理论与环境规制理论的产生、发展和演变过程；然后，介绍生态效率的概念，回顾了生态效率的测算方法，以及生态效率在应用层面上的研究进展；接下来，就环境规制对生态效率影响的研究文献进行了回顾；最后，对研究文献进行评述。

第 3 章为环境规制对工业生态效率影响的理论分析。首先，从传导变量的角度，归纳了环境规制影响工业生态效率的传导路径；然后，从空间效应的角度，结合地方政府竞争理论对环境规制策略互动的产生机制进行了分析；最后，从环境规制工具的角度，对环境规制工具进行了分类比较，并分析了不同类型环境规制工具对工业生态效率产生的影响。

第 4 章主要对工业生态效率进行了测算。实证研究环境规制对工业生态效率的影响，需要构造环境规制与工业生态效率的面板数据。其中，工业生态效率的测算较为复杂，因此单独作为一章。首先，对生态效率的测算方法进行比较；然后，选取测算指标，并构造工业生态效率的测算模型；接下来，以省份作为研究对象，对工业生态效率进行了测算，并对工业生态效率的整体发展趋势、空间分布和地区差异等进行了分析。

第 5 章主要从中介效应的角度实证考察了环境规制对工业生态效率的影响。首先，根据理论分析提出研究问题，确定指标和数据来源；然后，设定了中介效应检验模型；接下来，逐一检验了各个传导路径是否成立，对传导变量是否发挥了中介效应进行验证；进一步地，本章还对环境规制与中介变量的非线性关系进行了检验。

第 6 章主要从空间效应的角度实证研究了环境规制对工业生态效率的影响。首先，根据理论分析提出研究问题，确定指标和数据来源；然后，采用探索性空间数据分析方法对环境规制与工业生态效率的空间相关性进行了分析；接下来，构建了空间计量模型，对环境规制与工业生态效率的非线性关系进行了检验，并估算出最优的环境规制强度，同时与根据传统计量回归结果计算得到的最优值进行了比较分析。

第 7 章从环境规制工具的角度实证考察了环境规制对工业生态效率的影响。首先，根据不同类型环境规制工具的差异性提出研究问题，确定指标和数据来源；接下来，构建计量模型进行实证研究；最后，根据估计结果比较分析了不同类型环境规制工具对工业生态效率所产生的影响。

第 8 章为研究结论、政策建议与研究展望。首先，对全书内容进行归纳总结，得出主要研究结论；然后，提出了相应的政策建议；最后，针对本书的局限性提出研究展望。

1.3 研究思路与方法

1.3.1 研究思路

本书研究主要遵循“文献搜集—已有研究归纳与总结—理论研究—实证研究—政策建议”的研究逻辑。首先，通过搜集与环境规制和生态效率相关的研究文献，确立了本书的研究主题；其次，通过对已有研究文献进行梳理和总结，对环境规制、生态效率与环境规制对生态效率影响的研究进行了回顾和深入的分析，并在对已有研究进行评述的基础上确定了本书的主要研究内容；再次，根据确定的研究内容，从理论角度阐述了环境规制对工业生态效率的影响，构建了环境规制对工业生态效率影响的理论分析框架；接下来，基于不同的研究角度，结合相应的计量经济模型一一进行实证研究；最后，根据研究结论提出相应的政策建议，从而为地方政府制定环境规制政策提供参考。

根据研究思路，本书确立的技术路线如图 1-1 所示。

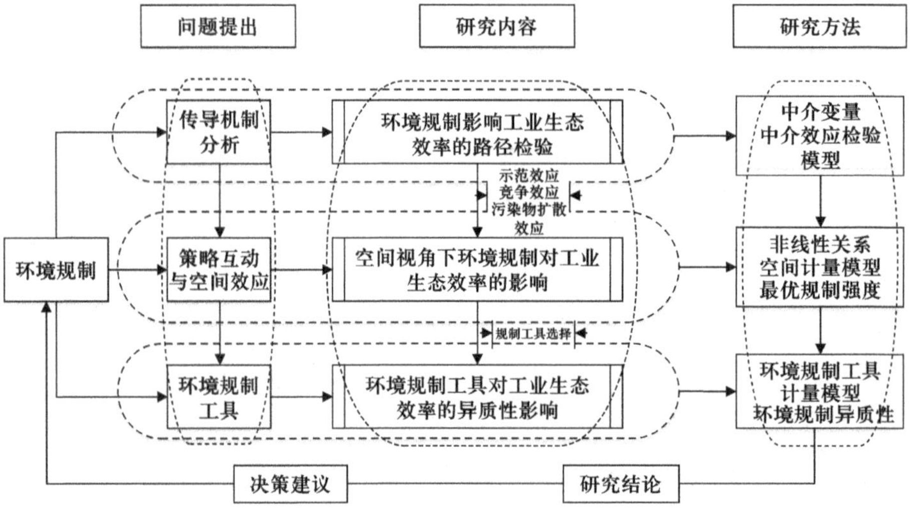

图 1-1 技术路线

1.3.2 研究方法

1. 文献分析方法

研究从文献分析开始。首先，大量搜索相关文献，进行广泛的整理与阅读。充分借鉴已有环境规制、生态效率与环境规制对生态效率影响的研究成果，确定了研究内容、拟采用的技术手段与研究的整体框架。然后，通过深入分析生态效率的文献，确定了生态效率的评价框架与指标体系。通过对环境规制的文献进行总结，选取具体的环境规制工具指标，并据此构建计量模型进行实证分析。

2. 定性分析方法

定性分析主要是从理论角度进行经验的推断与逻辑的演绎。本书首先根据相关理论构建了环境规制对工业生态效率影响的分析框架；然后根据已有研究成果界定工业生态效率的内涵，确定测度的指标体系；接下来对工业生态效率的地区差异及环境规制与工业生态效率的空间分布特征进行了描述性分析，即从表面的现象出发，探寻环境规制与工业生态效率的内在规律；通过运用现有理论分析环境规制对工业生态效率的影响，为实证研究奠定基础。

3. 定量分析方法

定量分析是通过建立一定的数学模型，根据具体的统计数据进行计量分析或数学模型研究，并根据计量分析或数学模型的统计分析结果得出具有倾向性的结论。本书在定性分析生态效率概念和评价指标体系的基础上，通过建立工业生态效率的数学评价模型并进行定量计算，将工业生态效率的变量关系数学化，构建了科学合理的评价模型，采用 DEA 方法对工业生态效率进行分析、比较和评价；通过中介效应模型对环境规制影响工业生态效率的传导机制进行检验；运用探索性空间数据分析技术，通过 GeoDa 软件分析了环境规制与工业生态效率空间分布的总体和局部特征；最后，通过构建空间滞后与空间误差计量回归模型，利用 MATLAB 软件进行实证研究。

4. 比较分析方法

比较分析方法就是将各种指标、数量等进行横向或纵向的比较，以确定研究样本之间的不同点和相同点的一种研究方法。本书研究以工业生态效率测算为基础，分别从时间纵向差异性和区域横向差异性两个维度对比分析了工业生态效率的发展趋势。与此同时，从时间和空间维度对环境规制与工业生态效率的空间分布特征进行统计分析，试图探寻两者的现实分布状况与变化发展的趋势。最后，基于不同类型的环境规制工具进行比较，检验了不同类型的环境规制工具对于工业生态效率是否具有较强的差异性影响，从而为制定更有针对性和更具科学性的政策提供依据。

1.4 本书创新与不足之处

1.4.1 本书创新之处

本书的创新之处主要体现在以下三个方面。

首先，从传导机制的视角分析了环境规制对工业生态效率的影响，并进行实证检验。现有文献主要基于环境规制对工业生态效率的影响进行直接的实证研究，笔者尚未发现有文献对传导路径进行分析。之所以分析环境规制影响工业生态效率的传导机制，是因为环境规制不仅仅约束了企业的排污行为，对工业生态效率产生直接影响，也通过传导变量对工业生态效率产生影响。本书研究有效弥补了已有文献忽略传导机制的不足，为环境规制影响工业生态效率的研究提供了一个新的分析视角。

其次，在对环境规制的传导机制进行分析的基础上，结合地方政府竞争理论，进一步从空间效应的角度实证考察了环境规制对工业生态效率的影响。在传统的规制理论研究中通常将地方政府的决策视为独立的个体行为，忽略了规制过程中的策略互动情况。事实上，地方政府为了追求政治绩效，在环境规制政策的制定和实施过程中通常会对相邻地区的政策进行比较和参考。本书以此为切入点，引入空间统计学与空间计量经济学进行分析与实证研究，避免因采用传统计量经济模型而引起估计偏差以及得到错误的研究结论，提高了估计结果的准确性。

最后，从环境规制工具的角度研究了环境规制工具对工业生态效率的差异性影响。已有研究虽然从各个方面构建了环境规制的测算指标，但主要是从环境规制强度的角度分析，尚未有文献考察环境规制工具对工业生态效率的影响。然而，环境规制政策的制定与实施不仅仅需要考虑到环境规制强度的选取问题，还需要考虑究竟采用何种环境规制工具更为合理的问题。因此，本书进一步将环境规制的研究延伸到环境规制工具的角度上来，就不同类型的环境规制工具对工业生态效率的影响进行研究，弥补了已有文献忽略环境规制工具差异性的不足。

1.4.2 本书不足之处

受笔者自身能力以及数据可获得性和方法局限性的影响，本书存在以下不足之处。

首先，生态效率测算指标的选取存在局限性。目前，学术界尚未建立起统一的生态效率测算指标体系，国内外学者往往根据研究需要从不同的方面选择测算指标。本书主要考虑了工业废水、工业废气、工业固体废弃物等较为有代表性的污染物。虽然大多数文献也是如此，但实际中工业经济生产系统极其复杂，污染物并非只有废水、废气、固体废弃物三大种类，这不可避免地会导致测算指标的不全面，需要在以后的研究中进一步探讨。

其次，公众参与型环境规制工具代理指标的选取存在局限性。研究中将公众就环境问题上访的批次作为公众参与型环境规制工具的代理指标，该指标数据的正式性与真实性都能得到保障。但是，随着互联网的普及，公众可能更倾向于利用网络渠道参与环境管理，表达对环境污染问题的诉求。因此，本书选取公众就环境问题上访的批次这一指标可能会低估公众参与型环境规制工具的力度和作用。今后，应进一步研究如何利用网络数据准确衡量公众的环境管理参与度。

2 理论与文献综述

2.1 环境规制理论的形成与发展

2.1.1 规制与环境规制

日本学者植草益（1992）在《微观规制经济学》中将规制定义为：针对构成特定社会的个人或构成特定经济的经济主体，按一定的规则对其经济社会活动进行某种限制或约束的行为。史普博（1999）则认为规制是指行政机关为了干预市场配置机制，或间接改变企业和消费者的供需决策而制定并执行的一般规则或采取的特殊行为。国内学者王俊豪（2001）认为，规制是由规制者或规制机构依据一定的法律与法规，对被规制者所采取的行政管理与监督行为。

环境规制属于政府干预市场经济的一种方式，是规制概念在环境保护领域的延伸应用。传统的环境规制理念认为，环境规制是政府社会性规制的重要内容，当市场机制不能有效解决环境污染问题时，政府部门可以通过制定相应的政策与措施，对经济主体的排污行为进行直接干预和约束。通过环境规制可以将环境的外部成本内部化，进而达到环境保护和经济发展相互协调的目标（傅京燕，2006）。根据环境规制的传统定义，可以发现环境规制被视为政府对经济主体的直接干预，通常包括对排污企业发布禁令、实行非市场转让性的许可证制等。市场和企业并不具有自主权，只能被动地遵守既定的环境规制条例（张瑞，2013）。

20 世纪 90 年代，随着西方发达国家中生态标签、资源协议以及环境认证等约束环境污染行为的措施相继出现，环境规制的概念进一步拓展，外延进一步扩大。环境规制不再局限于政府实施的法律法规、市场激励手段，而是进一步增加了自愿型环境规制的内容。赵玉民等（2009）从环境规制的主体、规制对象、规制目标、规制手段、规制性质五个维度对环境规制的含义进行了分析，最终认为环境规制的目标是对环境进行保护。因此，环境规制被视为一种约束性的力量，它既可以是有形的制度，也可以是无形的意识。

学术界关于环境规制的概念界定虽然在不断地发展变化，但是其内涵和本质没有发生变化。环境规制需要制定相应的规制策略，对经济活动主体的环境行为进行调节和约束。环境规制被视为对环境污染行为进行限制或禁止的管理活动。环境规制的目的是通过影响环境资源的配置与经济主体的行为，消除污染的外部性问题，促使环境外部成本内部化，以便实现保护生态环境与发展经济的“双赢”目标。

2.1.2 规制经济学的兴起与规制经济学理论学派的形成

环境规制的实践需要相关理论加以指导，20 世纪 70 年代规制经济学的兴起为环境规制的产生和发展奠定了基础。规制经济学主要研究政府如何通过制定相应的规制政策，限制经济主体在市场经济条件下的活动，核心在于如何实施规制，为谁而规制。围绕这个核心，规制公共利益理论学派认为政府需要代表公共利益进行规制；而规制俘获理论学派则认为政府在制定规制政策时，通常会受到集团压力的影响。现代经济学家在对传统规制理论进行批判和发展的基础上，形成了规制经济理论。后来，西方经济学家结合博弈论和信息经济学进一步提出了激励型规制理论。

1. 规制公共利益理论

规制公共利益理论是以市场失灵和福利经济学为基础，建立在规范分析框架上的理论（Posner，1974）。该理论认为，由于市场中外部性、公共产品性、产权的不确定性以及信息的不对称性等问题广泛存在，如果对市场采取放任自流的方式或只依靠市场机制进行自我调节，将无法解决资源配置效率低下的问题，因此需要政府代表公共利益进行规制。

规制公共利益理论可以看作是对市场失灵实证分析的规范反应，政府通过规制措施可以对市场机制进行纠正，满足公众对市场失灵所引发问题的规制诉求。政府作为公共利益的代表，通过采取规制措施对公共利益进行维护，从而使公共利益得到保障，有效提高社会的福利水平。公共利益是规制公共利益理论发展的逻辑起点，该理论建立在三个假设的基础之上：一是市场是脆弱的，普遍存在的市场失灵会导致不公平与低效率；二是政府的规制行为没有成本；三是政府的目标是实现社会福利最大化。随着规制理论的不断发展，该理论受到了广泛的质疑。首先，从实证分析与经济观察的角度，经济学家对规制效果的有效性、规制的动因以及规制方案的合意性等都存在质疑；其次，学者从规范分析的角度指出，规制的目标是为了保护公共利益，但是缺乏将实现公共利益最大化的公共行为转化为立法行动的机制。

2. 规制俘获理论

规制公共利益理论将政府视为公共利益的代表，而政府在制定政策的时候，很容易受到利益集团的影响。Bentley（1908）在对政府规制进行分析的时候引入了利益集团的概念，强调政府在制定规制政策时会受到集团压力的影响。芝加哥学派经济学家在此基础上正式提出了规制俘获理论，指出规制通常是产业自己争取来的，规制者的职能不再是为社会公众提供服务，而是倾向于维护受规制产业等利益集团的利益（韩中华等，2010）。规制的供给主要是应被规制产业的需求而产生，利益集团对规制政策的设计与制定发挥着重要作用。政府拥有的强制权可以实现社会福利在不同个体之间的转移，规制参与双方均是理性的经济人。因此，规制的真正动机源于政治家与利益集团对各自利益的追逐。

相对于规制公共利益理论，规制俘获理论打开了政府规制过程的黑箱，与规制历史呈现出更大程度的契合。但规制俘获理论只提出了“规制有益于企业和行业”的假设，并没有说明为什么规制只受行业利益集团的控制，而不受其他利益主体的控制，也没能解释行业利益集团到底是如何控制或俘获规制者的，这一理论不能解释现实中常见的交叉补贴、放松规制运动等现象。

3. 规制经济理论

不管是规制公共利益理论，还是规制俘获理论，都只是基于一定的经济假设对规制经验进行简单陈述，尚未形成相对完备的理论体系。要进一步解释规制政策的放松与收紧，以及不同利益集团的福利改善，需要新的规制理论。

Stigler（1971）开创了规制经济理论研究的先河，他采用经济学范畴内的标准分析方法，在1971年出版的《经济规制理论》一书中首次对规制的产生过程进行了详细分析。他认为规制由规制的需求与供给联合决定。由于生产者的数量少于消费者的数量，而且生产者比消费者更加具有同质性，因此生产者在对规制立法的影响上具有明显的优势，从而最终的规制政策更加有利于生产者。Peltzman（1976）基于规制者会选择使其政治支持最大化的规制政策的假设，进一步提出了规制的政治模型。他指出规制者为了寻求政治支持，最有可能对具有相对竞争性与相对垄断性的产业进行规制。Becker（1983）重点讨论了利益集团之间的竞争过程，指出规制是利益集团政治博弈的结果。在总影响不变的情况下，由于各利益集团实力差距较大，每个利益集团都会在别的利益集团选择确定的情况下选择自己的最优行为，因此有利于提高和增加福利的规制政策更容易获得通过。规制经济理论通过对既定的前提假设是否符合逻辑推理进行论述，对规制的实践过程进行了理论解释，被视为规制理论的巨大进步。

4. **激励型规制理论**

传统的规制理论认为规制者与被规制者拥有完全相同的信息，双方是一种对称信息博弈，但这种理想情况与实际存在较大出入（马云泽，2008）。20 世纪 70 年代末至 80 年代初，西方发达国家的经济学家将激励理论与博弈论相结合，探讨如何在信息不对称的情况下，发挥规制政策对企业的引导和激励功能，最终形成了激励型规制理论。该理论将研究重心从传统规制理论的“为何规制”转变为“如何规制”，研究政府如何以最低成本获取规制信息，并采取有效的激励手段，激励和引导受规制的企业提高内部效率。

激励型规制理论充分借鉴了信息经济学的理论成果。Hurwicz（1972）、Groves（1973）在研究中引入了信息不对称理论以及建立起了规制的委托-代理分析框架，弥补了传统规制理论只注重规制需求方而忽略规制供给方的不足，使得激励型规制理论有了突破性的发展。激励型规制理论还采用博弈论的分析方法，对规制者与被规制者之间的非对称信息博弈过程展开了分析，并指出设计一套行之有效的激励型规制机制是解决问题的关键所在。该规制机制应兼顾规制与竞争的优点，既能够对利用信息优势谋取不正当利益的企业加以约束与规制，又能够对受规制企业产生充分的激励，引导受规制企业朝着规制目标行动，避免因规制而导致企业竞争力下降。

2.1.3 环境规制理论的产生与发展

1. **环境规制的市场失灵理论**

市场失灵通常被学术界视为环境规制的充分条件，环境规制是为了解决市场失灵情况下的环境污染问题。关于为什么市场机制不能实现环境资源的优化配置，为什么会出现市场失灵的现象，学术界利用外部性、产权不确定性、公共产品性以及信息不对称性等理论进行分析并形成了市场失灵理论，为环境规制的实施奠定了坚实的理论基础。与此同时，通过将规制经济学理论运用到环境规制的分析过程之中，取得了颇为丰富的研究成果。

(1) 环境污染的外部性。所谓外部性，是指经济活动的私人成本与社会成本并不一致的现象。Marshall (1920) 在《经济学原理》一书中首次提出外部性的概念，为当代环境经济理论奠定了基石，他指出任何人都不可能排他地消费环境资源。Pigou（庇古，1924）在《福利经济学》一书中对外部性的概念进行了扩充和完善，他基于社会资源的优化配置，首次提出了外部不经济性的概念。经过 Pigou 的完善，最终形成了外部性理论。Pigou 认为如果个体的行为会对其他个体产生有利影响，其他个体并不会因享受利益而付出任何代价，那么这种外部性就是正外部性；而负外部性是指个体的行为会对其他个体产生负面影响，且引起负外部性的个体无须付出相应的成本。

根据帕累托最优理论，只有当社会的边际收益与私人的边际收益相等时，才能实现对资源的最优配置。而外部性的存在显然使得私人的边际收益与社会的边际收益存在差异，不能获得资源的最优配置效率。环境问题的产生主要是由于市场机制在环境资源配置上存在失灵现象，这和与环境资源配置相关的经济活动存在显著的外部性具有很大关系。当环境污染给社会和公众健康带来不利影响或损害，而受害者又得不到相应的补偿，且排污者不用付出相应的排污成本时，便出现了外部性问题。为此，Pigou 提出了通过征税或者补贴对经济主体的私人成本进行矫正的外部性问题解决方案。

(2) 环境产权的不确定性。在相当长一段时间内，庇古税理论对解决外部性问题发挥了重要的作用。但是，只依靠“庇古税”对外部性进行治理限制了经济选择的自由性。Coase (1959) 在《联邦通信协议》中提到如果产权不明确，那么由外部性所带来的损害就难以避免。Coase 指出在交易成本为零或者很小的情况下，只要产权的界定足够清晰，不管初始产权如何分配，通过谈判最终均会达到帕累托最优状态，都不会影响到资源配置效率。政府只需在产权保护和执行方面发挥作用，并不需要直接介入管理，就可以通过市场解决环境污染的外部性问题。Coase 的产权理论指明了外部性问题的制度根源，为分析市场机制下经济主体的行为如何导致环境破坏提供了理论基础。然而，现实中环境产权的复杂程度远超 Coase 提出的“产权清晰”和“交易费用低”的限定性条件。

运用 Coase 的产权理论解决环境污染问题的局限主要在于以下两个方面。一是环境产权是行为主体对特定环境具有的所有权、使用权与支配权等，环境作为公共性特别明显的产品，其产权并不具备一般产权的特征。现实当中很多环境资源（水、空气等）的产权根本就无法界定。例如，一些资源（矿产、森林等）虽划归国家所有，但因为环境管理机制不健全，产权所有者和使用者的界定非常模糊，它们经常被当作公共资源使用。在大多数情况下，环境资源的产权是不确定的、模糊的，甚至是缺失的，从而使得一般产权制度在环境问题上不能发挥其应有的作用。二是在环境产权缺失的情况下，对于环境使用者来说，其会最大可能地获取环境所带来的收益；对于环境质量的改善者来说，由于不能阻止别人使用和从中受益，自己却要为之付出成本，进一步助长了企业生产过程中资源的过度消耗和污染物的大量排放。

由此可见，环境产权的模糊性与不确定性是导致环境污染外部性的根本原因，进而产生了市场失灵现象。环境产权界定上的困难，导致运用 Coase 的产权理论解决环境污染问题存在很大的局限性。尽管存在争议，Coase 的产权理论仍然为解决环境污染问题提供了一个新思路，如现代排污权交易机制就是以 Coase 的产权理论为基础的。

（3）环境的公共产品性。Samuelson（1954）指出公共产品具有被提供后无论消费者是否付费都不能阻止其消费行为的特性，这种特性也被称为非排他性；同时，公共产品还具有非竞争性，表现为不同的消费者在使用相同的公共产品时并不具有冲突，任何新增消费者对产品的使用不会减少该产品对其他消费者的供应。因此，这意味着个人可以以“搭便车”的心态任意使用公共产品。依据公共经济学理论，市场价格机制无法在公共产品的资源配置中充分发挥作用。

从生态学的角度来看，环境可以通过自净效应实现良性循环。但随着人类对环境资源的过度开发与损害，环境保护成为需要人为提供的一种公共产品。无论是环保工程建设，还是与环保相关的法律、法规与政策，甚至有关环境保护的舆论导向等产生的成果，都能够无排他与无竞争地供给社会中的任何人使用，这充分体现了环境保护的公共产品特征。因此，环境保护也被视作一种典型的公共产品（徐月亮，2006）。

由于环境保护的公共产品性质，市场机制无法组织与实现环境保护公共产品的有效供给，导致市场机制下环境保护公共产品的供给出现严重不足，最终导致环境恶化（Demsetz，1968）。环境保护的这种公共产品性质，决定了环境保护不适合由市场机制提供，而应当纳入政府规制的范围。政府应通过采取有效的环境规制手段来规范经济主体的行为，以弥补市场机制在公共产品和公共资源领域的市场失灵。

（4）环境信息的不对称性。在市场经济中，信息往往被视为一种特殊的产品或服务，对资源的配置具有至关重要的作用。美国经济学家Akerlof、Spence和Stiglitz在20世纪70年代提出了信息不对称理论（陈瑞华，2003）。根据市场参与者之间信息的知识或者概率分布是否具有对称性，可将信息划分为对称信息与不对称信息两类。其中，对称信息是一种较为极端的形式，在现实生活中由于不确定因素太多，很难实现信息的对称分布。信息的不对称性导致一些市场参与者拥有比别人更多的信息。

从自身利益出发，各经济主体都会努力地去获取更多的信息。在市场机制的作用下，信息在不同的经济主体之间流动，一定程度上弥补了信息的不对称性，使市场经济得以运转。环境信息不对称的主要原因在于以下两点。一是基础科学的不确定性。虽然社会发展至今，人类已经积累和掌握了很多关于自然环境的科学知识，但是对很多环境问题产生的原因及其可能产生的危害尚缺乏足够的认识与判断，无法给出科学的结论与解决方法。二是各个经济主体所处的地位不同。由于经济主体受自身经济利益的驱动可能会选择性地披露或隐瞒相关的环境信息，因此企业、政府与消费个体所获取到的环境信息往往具有很大的差异性。

环境信息是社会主体做出判断以及环境保护行为的决策基础，环境信息不对称性的存在不利于政府环境监管与制定科学的经济发展政策，极有可能引发企业的环境机会主义行为，也不利于公众参与环境监督。因此，如何矫正环境信息的不对称性以及规避其带来的负面影响，解决市场机制在环境资源配置中的失灵问题，就成为环境规制研究的重要内容。

2. 环境规制的政府失灵理论

基于上述分析，不难发现市场机制本身无法达到环境资源的最优化配置。经济学家根据规制公共利益理论的核心思想，即市场规制不再是理想的资源配置机制，认为需要引入政府的环境规制机制来解决污染的外部性问题。但是20世纪70年代初形成的利益集团理论对公共利益假定的现实性存在质疑。公共利益理论把政府的规制行为看作是基于公共利益的角度而对市场失灵所做出的反应。与公共利益理论学派经济学家的观点不同，利益集团理论学派的经济学家认为政府会被各种利益集团所“俘虏”，从而倾向于制定有利于这些利益集团的规制政策。环境规制可能未达到提高市场活力和维护社会公正的预期目标，由于规制过度或者规制强度不足等因素还会引起经济效率低下的情况，最终导致政府规制未能达到改善环境的目的。因此，环境规制不仅存在市场失灵问题，还存在政府失灵问题。

20世纪60年代，Downs（1957）、Olson和Zeckhauser（1966）等经济学家开创了针对政府现实而非理想行为的理性行为理论，从理论上分析了政府规制失灵的现象，认为政府环境规制存在以下两个方面的问题。

（1）政府环境规制被“俘虏”的问题。公共选择学派认为国家是虚构的，公共利益只是掩盖集团利益的工具（陈亮，2015）。理性行为理论认为小规模组织比大规模组织具有更强大的政治活力。在环境规制的过程中，污染企业为了尽可能少地付出污染成本，可能会通过俘获立法者或者执法部门而使其制定最有利于自身的环境规制政策与措施，导致环境规制对节能减排与改善环境的作用大打折扣。无论规制机构最初如何设计公平的规制方案，最终环境规制都会倾向于牺牲政治实力较弱的团体来帮助政治实力较强的团体。政府在对产业实行规制的过程中会逐渐成为产业俘获的对象，使得相关利益集团的收入得到提高。因此，规制最终提高了产业的利润而不是社会的整体福利。

(2) 环境规制者和被规制者之间信息不对称。关于环境规制者和被规制者之间信息不对称的问题，理论上可以运用激励型规制理论对环境规制措施的制定加以指导。但是根据 Baron 和 Mayerson (1982) 的研究，政府通常不能获取到被规制企业在财务、会计、需求结构、发展动向以及技术等方面的详细资料，导致规制者和被规制企业之间存在信息不对称的情况。受自身经济利益的驱动，被规制企业可能会选择性地披露或隐瞒相关的环境信息，使企业、政府所获取到的环境信息往往具有很大的差异性，导致运用激励型规制理论进行环境规制会出现失效的问题。环境信息是社会主体做出判断以及环境保护行为的决策基础，环境信息不对称性的存在不利于政府环境监管，极有可能引发企业的环境机会主义行为，产生政府规制失灵的现象。

总之，由于不同利益集团和群体存在不同的目标，以及规制者和被规制企业之间信息不对称等因素的影响，规制机构在制定环境规制政策时不再单纯考虑公共利益，削弱了公共利益的重要性，也削弱了环境规制政策的强制力，最终导致环境规制政策出现失灵。

3. 环境规制相关理论的发展

从市场失灵理论和政府失灵理论可以看出，环境规制问题的解决非常具有挑战性，单纯地依靠市场机制或者政府手段都是不可取的。学术界在此基础上对环境规制进行了进一步研究，形成了一系列与环境规制相关的理论，并将其广泛地用于环境规制与生态环境保护的研究之中。

(1) 可持续发展理论。可持续发展理论是在社会实践中逐渐形成并不断发展起来的。Carson (1962) 所著 *Silent Spring* (《寂静的春天》) 引发了世界范围内对环境保护事业的关注，学术界的研究点从单一的 GDP、GNP 等指标对社会经济发展的影响，逐渐转移到社会、生态环境、文化等非经济指标对经济可能带来的影响上。Meadows 等 (1972) 在研究中认为各国只依靠人口增长、资源消耗、工业化进程等高速发展经济后，可能会迎来全球性的灾难。Keeble（1987）在研究报告《我们共同的未来》中对当前人类所遇到的经济发展、能源消耗和污染问题进行了全面和系统的评价，正式提出了可持续发展的概念和发展模式，并指出要在经济、社会与环境的发展过程中注重发展的协调性和可持续性，体现出公平性、持续性和共同性等原则。

由于环境外部性问题始终游离于市场机制作用之外，因而导致市场失灵。市场失灵决定了可持续发展的推进难以通过市场机制的作用获得强劲动力并消除发展过程中的障碍，必须借助环境规制促进发展动力机制的优化和完善。因此，环境规制是可持续发展推进道路上的必然选择。

（2）环境污染避难所理论。Walter 和 Ugelow（1979）把污染产业从环境规制较严格的国家向环境规制较宽松的国家转移的现象称为“环境污染避难所假说”。环境污染避难所理论主要研究环境规制与污染产业转移之间的关系。在开放经济条件下，不同国家实行不同的环境政策，环境规制强度和环境标准都会存在差异。这种差异性将会导致位于环境规制标准较低、规制强度小的国家的企业承担相对较低的环境成本，而位于环境规制标准高、规制强度大的国家的企业承担的环境成本相对较高。为了降低生产成本，提高利润和竞争力，污染密集型产业部门会从环境规制严格的国家转移到环境规制较为宽松的国家。

（3）环境标准竞次理论。标准竞次是指监管机构为了本部门利益集团、吸引潜在被监管对象或者扩大监管势力范围，主动降低监管标准，从而使整体监管处于较低的水平。后来，学术界将标准竞次的概念应用于环境规制的研究之中（Revesz，1992）。Markusen 等（1995）在前人研究的基础上，系统地分析和总结了国家间在环境规制政策制定上的博弈和决策行为，并正式提出了环境标准竞次理论。该理论认为，相关国家在制定环境规制政策的博弈过程中，为了不损害自己的利益，或在产业竞争中占据主动和优势的地位，一般都会采用“次优”的环境规制政策来提高产品或产业的竞争力。但是这种主动降低环境规制强度的竞次行为，将加快生态环境的恶化。

(4) 环境 EKC 理论。Grossman 和 Krueger (1995) 在对多个国家和地区污染物变动情况的分析和研究中使用了库兹涅茨曲线，通过研究发现大部分污染物的变化与 GDP 的变动呈倒 U 型关系，并提出 EKC 理论。EKC 理论可用于解释发展与环境压力之间的动态关系。在工业化早期，社会生产力快速发展，人均收入水平极大提升，从而导致生态环境恶化。但是当社会发展和人均收入达到一定水平后，人们会意识到生态环境的重要性，从而会通过各种措施减少发展对生态环境的影响和破坏，并通过各种手段恢复生态环境，这样生态环境质量可能会得到相应的改善。

经济学家通过分析和实证研究发现，严格的环境规制可以使经济增长的每个时期中污染物的排放水平低于没有规制时的排放水平，使得环境库兹涅茨曲线更平滑，曲线形状以及拐点位置都会随之发生变化（张红凤，2008)。根据环境库兹涅茨曲线所揭示的规律，经济增长带来的环境退化问题是暂时的，随着生活水平的提高，以及实施越来越严格和系统的环境规制，污染问题将会得到极大的改善，环境恶化的趋势最终将会停止和扭转。

(5) 环境成本转移理论。Copeland 和 Taylor (1997) 的研究指出，由于劳动、资源密集型产品可通过自由贸易在国家间传递，最终会造成南方国家生态环境恶化，北方国家生态环境得到改善。Muradian 和 Martinez-Alier (2001) 在研究中指出随着国际贸易自由化，生产资源密集型产品的出口国将承担生产该类产品所产生的环境成本，并提出了环境成本转移理论。该理论认为生产资源密集型产品会破坏当地的生态环境，因此在生产过程中所产生的环境成本会随着产品贸易出现转移，资源密集型产品在国际贸易中的流动也被称为“生态流动”。

经济学家通过比较优势理论和资源禀赋学说对环境成本转移进行了研究。环境成本转移的方式主要有以下几类。①通过资源密集型产品交易的方式实现环境成本转移。发达国家的环境规制强度通常要高于发展中国家，因此，发达国家通过进口资源密集型产品的方式，可以节约本国自然资源和减少生产这类型产品所产生的污染。而发展中国家通常环境规制强度相对较低，通过生产资源密集型产品并出口至发达国家，从而获取一定的利润。但是，发展中国家由此需要承担生产该类产品所产生的资源和环境成本。②通过污染物跨境转移的方式实现环境成本转移。随着国际自由贸易的发展，发达国家可以通过对外贸易的方式将危险污染物跨境转移至环境规制强度宽松的发展中国家。③通过生产设备升级改造的方式实现环境成本转移。由于环境规制政策的要求，发达国家将因技术升级而淘汰的高污染、高能耗的生产设备和产品，通过贸易或投资等形式转移到发展中国家。这种方式虽然在一定程度上提升了发展中国家的技术水平，但是由于转移的都是高污染、高能耗的落后设备，最终也会对发展中国家的生态环境造成破坏。④通过产业转型升级的方式实现环境成本转移。发达国家为实现产业升级的目标，会逐步将高污染、高能耗的产业转移至发展中国家，从而实现环境成本的国际转移。

2.1.4　国内关于环境规制理论的研究

通过环境规制理论产生与发展的演变过程可以发现，环境规制理论主要由国外学者提出，这主要是因为西方发达国家的工业化进程要明显早于中国，环境规制问题较早受到关注。随着我国环境的恶化，国内学者在借鉴国外学者提出的环境规制理论的基础上进行了研究，取得了一系列研究成果。

1. 关于环境污染的外部性问题

张五常（2001）在其著作《经济解释》中提出以下观点：第一，外部性只是一种行为效应；第二，外部性的概念模糊不清，行为效应的产生源于信息获取所需要的成本导致的合约的不完全与不完善；第三，在现实中可以通过合约理论来替代外部性理论。杨小凯和张永生（2000）在《新兴古典经济学和超边际分析》一书中多次对外部性进行讨论和评价，并提出应使用交易费用来替代外部性概念。贾丽虹（2007）通过梳理和比较外部性理论的文献，对外部性理论发展和演变的路径进行了深入的研究，分别在绝对市场失灵理论和相对市场失灵理论框架中，对外部性与公共产品、不完全竞争、信息不对称之间的关系进行了分析。研究结果表明，在绝对市场失灵理论的框架中，四者存在可划分的界限，但是在相对市场失灵的情况下，四者可以相互转换，其研究成果为政府修订规制政策提供了新的理论基础。

2. 关于环境产权问题

肖国兴（2000）针对环境资源的外部性问题，对环境产权的效率进行了分析。他认为在市场经济条件下，环境产权体现为政府公共产权和厂商交易产权的双重结构。通过公共产权可以实现环境的生产与供给，通过交易产权可以实现环境的消费。只有当公共产权与交易产权都具有效率时，才能最小化外部性的影响。何其多（2002）在研究中通过产权分割的方式将资源环境分割为单元环境，并对单元环境的产权界定进行了分析，其研究成果为环境污染防治相关政策的制定提供了理论基础。

3. 关于公共产品问题

曲振涛和杨恺钧（2006）在《规制经济学》一书中指出生态环境作为一种公共资源，每一个使用者都会最大限度地从中获得资源而排放环境污染物。为了避免生态环境资源的使用过程中出现“公地悲剧”的现象，应该将公共资源的利用私有化，根据各种标准在生态环境资源的使用中向使用者收取费用。该研究强调需要借助政府的力量，对各种生态环境资源实行有效的规制。华章琳（2016）的研究则认为，长期以来政府承担着提供生态环境公共产品的职责，而且通常被视为唯一的责任人。这不仅导致了政府失灵问题的不断发酵，而且弱化了公民个体的责任和义务。生态环境作为公共产品，它的供给需要建立政府主导下多中心的供给模式。

4. 关于环境信息的不对称性问题

郭庆（2007）在研究中指出环境规制过程就是规制机构与被规制企业之间的博弈过程。规制机构制定的环境规制政策在激励、监督、约束被规制企业的过程中会受到信息不对称的影响。臧传琴等（2010）的研究同样认为，由于政府与企业之间存在信息不对称的情况，在具体的规制过程中二者会进行一系列的博弈，其结果对政府环境规制的效用具有较大影响。在制定规制政策时，可通过降低信息依赖程度、削弱企业操作信息的意愿和降低信息获取成本等方式消除信息不对称的影响。

2.2 生态效率相关研究综述

2.2.1 生态效率的概念与内涵

生态效率是生态学中的概念，是指能量在生态系统中不同营养级之间流转时能量各参数的比值，用于研究种群之间或生物个体之间的关系（王妍等，2009）。随着可持续发展与循环经济理论的提出，学术界开始将生态效率的概念引入经济增长与环境污染问题的研究之中。

瑞士学者 Schaltegger 和德国学者 Sturm 于 1990 年首次提出了生态效率的概念。随后，世界可持续发展商业委员会在 1992 年对生态效率的概念进行了界定和推广（WBCSD，1996），认为生态效率是指在提供具有价格竞争优势的产品或者服务，满足人类对高质量生活的需求的同时，尽量地降低对生态环境的负面影响。经济发展合作组织（OECD，1998）从经济产出与环境投入比值关系的角度将生态效率定义为“生态资源满足人类需求的效率”。OECD 认为各类经济体（企业、产业等）对外提供的服务或者产品所具有的经济价值就是经济产出，而各类经济体（企业、产业等）在提供服务或生产产品的过程中对环境产生的影响或破坏就是环境投入。欧洲环境署认为生态效率是生态资源满足人类需求的效率，不仅需要在可承载的范围内满足人类必要的经济活动需求，而且需要从获取和使用的公平性上满足几代人对环境的需求（Moll，1999）。从环境影响和社会价值的关系来看，这些生态概念都是一致的。因此，生态效率的主要关注点包括环境质量和经济福利两个方面。

综上，生态效率衡量了社会经济价值生产过程中环境资源的使用效率，要求在追求投入产出最优的前提下考虑生产过程对环境、生态系统产生的影响。生态效率与经济和环境密切相关，提高生态效率就是要妥善处理好资源投入、环境污染和经济产出三者之间的关系。生态效率作为生态环境与经济效益双重改进的衡量指标，为实现可持续发展指明了方向。

2.2.2 生态效率的评价方法

目前，学术界提出了经济/环境比值法、生命周期评价法、生态足迹法、随机前沿分析法、数据包络分析法等方法用于生态效率的评价。这些方法在研究的侧重点和应用领域上存在一定的差异，为生态效率的测算提供了认识论和方法论上的指导。

1. 经济/环境比值法

经济/环境比值法主要是考虑经济发展对环境的影响。在早期研究中对于生态效率并没有标准的定义，有些研究选取单位产值、环境影响和治理单位环境的投资三个指标构成生态效率评价指标体系并对生态效率进行评价。WBCSD（2000）认为生态效率可以通过投入和产出的比值来衡量。此外，在荷兰召开的国际会议上，部分学者提出生态效率可以通过改变单位环境绩效所需的成本与经济增长、环境改善以及和环境成本有关联的创造价值之间的比值来确定（Figge 和 Hahn，2004）。经济/环境比值法原理简单，容易理解，难点在于经济价值和环境影响的确定。当用单个指标衡量经济价值和环境影响时，尚可直接计算。但是，当涉及较多指标时，如环境影响的表征指标有二氧化碳、烟尘及其他环境指标，如何将各个指标综合，用于接下来的比值运算是需要考虑的问题。

2. 生命周期评价法

为缓解经济发展与生态环境的矛盾，西方发达国家的学术界在 20 世纪 60 年代开始对生态环境问题进行探索性的研究，通过对资源利用与环境影响性进行研究和分析，逐步形成了生命周期分析理论的雏形。20世纪90年代，生命周期评价法（Life Cycle Assessment）被广泛用于对生态效率的评价。生命周期评价法又可以分为定性法、目标法、货币法和专家评价法四种。定性法由Franklian等提出，他们在研究中将区域环境负荷和国家标准进行比较和处理后，通过累加得到对生态环境的影响（李贵奇，2011）。目标法主要是将实际环境负荷与设定的目标环境指标值进行比较后得到对环境质量的影响。货币法的核心是就产品各生命周期对环境造成的影响进行成本量化，然后计算得到生态效率值并进行评价。专家评价法主要是基于专家经验构建一套产品生命周期的指标体系，进而用于对生态效率的评价。生命周期评价法在一定程度上可以用于对单个产品或者行业进行生态效率评价，但是这种方法还是存在着一定的不足。例如，该方法不能很好地处理不同区域情况下生态效率的评价问题，同时该方法的主观性太强，导致评价结果的可信度遭到质疑。

3. 生态足迹法

生态足迹是指不断地生产人们所消费的资源和不断地吸纳人们所产生的废物所需要的生产性陆地和水域的总面积。生态足迹法是属于可持续发展领域的一种定性分析方法，因此也被用于生态效率的研究之中。它是在对土地面积进行量化的基础上，通过计算需求层面上的生态足迹值，以及供给层面上生态承载力的大小，最后对两者进行比较，从而评价生态效率的发展变化。生态足迹的概念最早由Ress（1992）提出，用来衡量人类对自然资源的利用程度以及自然界为人类提供的生态支持服务功能。Wackernagel（1995）构建了生态足迹法的计算模型并进行推广，其核心思想是通过对研究区域所能提供的生态生产性面积与消费和吸收废弃物排放所需要的生态生产性面积进行比较，实现对生态效率的评价。

4. 随机前沿分析法

随机前沿分析法（Stochastic Frontier Analysis）由Aigner、Lovell和

Schmidt（1977）等学者提出。与传统的效率评价方法相比，该方法最大的特点是可以通过生产函数和随机扰动项构造出随机生产前沿面，进而计算随机因素对产出的影响。此外，该方法提供了用于处理误差和统计干扰的统计检验值，在大样本计算和结果稳定性上也具有一定的优势，使得该方法优于其他效率评价方法。因此，随机前沿分析法被广泛应用于生态效率的测算研究之中，并取得了大量的研究成果。但该方法存在模型假设较为复杂、计算中所需要使用的投入产出数据要求较高以及不能处理关联性较高的指标等问题，一定程度上限制了随机前沿分析法的实际应用。

5. 数据包络分析法

美国著名运筹学家 Chames 和 Cooper 于 1978 年提出了一种经典的系统分析方法——数据包络分析法（Data Envelopment Analysis，DEA）。其算法核心在于使用包络曲线替代生产函数，通过线性规划的方法处理所有决策单元的投入和产出，并找到具有最小投入和最大产出的决策单元，将其连接后最终形成效率前沿包络曲线。已有研究证明，落在包络曲线上的决策单元具有最佳的效率。数据包络分析法具有所采用的指标较少、可直接处理不同量纲的指标等优点，并且该方法在计算前可不用确定指标的权重，从而可以进一步减少人为因素的干扰。因此，数据包络分析法被广泛应用于各领域的效率评价中。

为了对不同规模收益下的效率进行测算，学者们还构建了基于 CCR、BCC、ST 和 FG 的数据包络分析模型，分别针对经济生产活动中规模收益不变、规模收益可变、规模收益递增和递减的情况。在计算生态效率时，不可避免地要考虑生产过程带来的非期望产出，如废水、废气、固体废弃物等，只有减少非期望产出，才能提高生产效率。针对生态效率评价中面临的非期望产出的处理问题，学者们也给出了多种不同的解决方法，如将非期望产出视作投入变量或采用倒数转换法、双曲线形式的非线性规划法、非期望产出的线性变换法、方向性距离函数法等数据包络分析方法（成刚，2014）。

2.2.3 生态效率在各层面的应用研究

生态效率评价方法的发展为其应用研究提供了丰富的方法体系，极大地促进了生态效率在产品、企业、行业和区域等层面的应用。

1. **产品层面**

在产品层面的应用研究上，国内外学者主要关注生产技术、废旧品处理等一切与产品有关的生态环境因素。Park 等（2006）将生态效率评价方法应用于废旧洗衣机的回收策略制定中，通过与传统决策方法（二维图表法、货币折算法、多目标决策法）相比较，发现生态效率评价方法在结果上与传统决策方法大致相同，证明了其在产品层面的实际应用效果。在国内的研究中，廖文杰等（2007）构建了钛白粉生产的生态效率指标，将生态效率评价用于钛白粉制造行业中，为提升钛白粉的生态效率、降低环境污染提供了指导方案。王润桃等（2012）构建了包装产品生态效率的评价模型，并以瓦楞纸箱产品为例对包装产品的生态效率进行了测算和分析，其研究结果为改进瓦楞纸箱生产系统提供了数据参考。

2. **企业层面**

在企业层面的应用研究上，学者们主要通过测算企业的资源生态效率，研究如何达到降低污染减排边际成本的效果，并就如何将生态效率融入企业决策的问题进行探讨。Côté 等（2006）研究了加拿大中小企业排污量与生态效率之间的关系，研究表明由于经济效益等原因，中小企业日常运营过程中在面临清洁生产技术的开发与应用和经济效益的选择时，基本都会选择经济效益。国内学者戴铁军等（2005）对某钢铁企业的生态效率进行了研究，其研究成果为企业解决资源、环境与能源之间的问题提供了一定的思路。陈晓红等（2012）通过对传统的循环经济评价方法进行比较，指出传统方法中指标体系的设计对于特定的行业可能缺乏针对性，然后根据有色金属冶金行业的特殊性，重新设计了一套既能体现企业经济绩效，又符合特殊行业生产经营情况的指标体系，并对有色金属冶金行业的经济发展水平以及生态效率进行了研究。

3. 行业层面

在行业层面的应用研究上，国内外学者主要关注物质投入效率与生产单位产品时产生的污染物之间的关系。Dahlström 和 Ekins（2010）对英国钢铁行业和铝制品行业的生态效率进行了研究，研究结果表明，由于金属价格下降和市场竞争激烈，两个行业都提高了原材料的实际使用效率。Maxime 等（2006）研究了加拿大食品和饮料行业的生态效率，在评价指标体系中加入温室气体排放等指标，并在此基础上提出相应的政策建议，有助于提升食品和饮料行业的生态效率。李虹等（2011）以风电代替火电为案例，设计了产业链分析和环境价值核算相结合的分析方法，研究了发展风电与电力行业生态效率的提升两者之间的关系，其研究成果为国家制定相应的产业政策提供了决策参考。孔佳南等（2015）通过借鉴德国和芬兰学者的研究成果建立了有色金属行业生态效率的评价指标体系，利用 DEA 方法对江西省 2003—2012 年期间规模以上有色金属企业的生态效率进行了评价分析，其研究结果指出，粗放型的发展方式束缚了企业的发展和生态效率的提高，技术水平的提高和规模效益的实现是提高生态效率的根本途径。

4. 区域层面

通过上述产品、企业与行业层面的应用研究发现，生态效率的发展理念从根本上来说都是要求节约原材料、提高资源利用率，从而减少对生态环境所造成的破坏。随着区域环境问题的出现，如果仅从产品、企业与行业等相对较为微观的层面进行分析，则难以提出有利于提升区域生态效率的政策建议，因此生态效率的研究进一步拓展到区域层面上来。例如，Mickwitz 等（2006）就通过在评价体系中加入安全、教育、人口等表征社会发展状况的指标，对区域生态效率进行了评价。国内学者苏芳和闫曦（2010）从能源利用效率、物质循环再利用和环境效率三个方面构建了生态效率的测算指标体系，并对云南省的生态效率进行了实证测度，其研究结果表明，随着云南省生态效率的提高，其循环经济水平开始有了明显的改善。谷平华和刘志成（2017）根据生态效率的相关理论，通过采用物质流分析方法，对湖南省的工业生态效率展开了研究，得出了工业生态效率呈现逐年改善的结论。张健等（2016）构建了两阶段的网络 DEA 模型，对我国 30 个省份的生态效率进行了研究，发现生态效率呈现空间集聚的现象，并从宏观层次上提出了相应的政策建议。

2.3 环境规制对生态效率的影响研究综述

最初，环境规制被视为解决环境污染问题的重要途径，学术界主要关注环境规制能否有效地抑制污染物的排放。随着环境规制实践的广泛开展，学者们注意到环境规制的影响是多方面的。生态效率的指标综合考虑了经济发展状况与生态环境状况，更加注重社会的可持续发展。于是，学术界开始关注环境规制对生态效率的影响。

2.3.1 环境规制对污染物排放的影响

Laplante 和 Rilstone（1996）通过对美国纸浆与纸制品行业的生物需氧量和固体悬浮物的排放量进行分析，发现环境规制至少可以减少大约 28% 的污染物排放量，认为环境规制不仅有利于控制污染物的排放，而且通过促进企业定期报告污染物排放，可以提高企业提供的环境污染数据的准确性，以便规制者更好地制定和执行规制政策。Nadeau（1997）同样以美国的纸浆与纸制品企业作为研究对象，结果发现环境规制与企业违反污染排放标准的持续时间之间具有显著联系，他认为环境规制可以有效约束企业的排污行为，使其尽快达到规定的污染物排放标准。

李永友等（2008）对工业污染数据与环境规制政策进行了实证研究，发现环境规制政策能显著减少工业污染物的排放。王询等（2011）针对我国东部、中部与西部三大经济区域，分析了环境规制与工业污染物排放水平的关系，结果发现环境规制在东部与中部地区显著降低了工业污染物的排放水平，但是在西部地区作用不明显，认为这主要是地区的经济发展模式具有差异性所导致的，并指出应该根据地区发展水平制定经济发展与环境改善相协调的规制政策。徐成龙和程钰（2016）利用动态面板的系统 GMM 估计方法、LMDI 分解模型、历史值外推模拟及线性规划约束模型等分析了山东省的环境规制与大气环境效应，发现环境规制通过优化调整工业结构有效地抑制了工业大气污染物的排放。屈小娥（2017）的研究同样得出了环境规制可以有效减少环境污染排放物的结论。而徐志伟（2016）通过对我国 30 个省（区、市）的工业环境污染物进行分析，发现环境规制并没有取得令人满意的效果，并认为这主要是由环境规制的整体水平较低，以及“先污染、后治理”的传统经济发展模式所引起的。

2.3.2 环境规制与生态效率的线性关系

环境规制对生态效率的改善作用得到了不少学者的研究证实。Cole 等（2005）通过对英国工业进行实证研究，发现环境规制能够减少工业废气污染物的排放，促进了生态效率的提升。Rosano-Peña 和 Daher（2015）以巴西的农业生态效率作为研究对象，发现在保护生态环境的若干措施中，环境规制是相对更为有效的策略，可以有效地实现改进生态效率的目标。国内学者韩永辉等（2016）发现环境规制有效地促进了生态效率的提升，认为严格的环境规制有利于发挥产业结构对生态效率的促进作用。袁宝龙和张坤（2017）对 2013—2014 年我国制造业的 28 个行业进行了考察，结果发现环境规制对于生态效率的改善具有积极作用，但是规制作用的发挥存在时滞效应，同时环境规制对生态效率的影响存在行业异质性，因此应该结合行业特点制定差异化的环境规制政策。

但也有学者的研究发现环境规制对生态效率具有抑制效应。Jorgenson 等（1990）的研究发现企业在满足政府环境规制标准的同时，会增加额外的生产成本，短期内会抑制生态效率的提升。Blackman 等（2010）选取墨西哥当地环境保护机构作为研究对象，以环境监察执行的情况作为环境规制的衡量指标，对环境规制与生态效率进行了研究，研究结果表明，正式的环境规制并不能促进生态效率的提升。杨红娟和张成浩（2016）以 2005—2014 年期间我国省域地区为例进行研究，发现环境规制对生态效率的影响显著为负，环境规制不能有效促进技术创新进而达到节约资源和控制环境污染的效果，提出应该继续加强环境规制强度，通过提升环境规制强度促进技术创新，以便达到提升生态效率的目标。谢波等（2018）的研究发现环境规制与区域生态效率呈现负相关关系，认为应该通过完善环境规制制度、建立合理的规制体系及强化监管等措施，提高环境规制对生态效率的改善作用。吕明元等（2018）以纺织业作为研究对象，发现环境法规对生态效率具有负向影响，得出了环境规制对规模效率影响显著而对纯技术效率影响不显著的结论。

2.3.3 环境规制与生态效率的非线性关系

学者还对环境规制与生态效率的非线性关系进行了考察。李玲等（2012）在研究中指出，我国制造业中环境规制和生态效率之间呈现 U 型发展趋势。沈能（2012）对我国工业各行业的环境效率进行了研究，发现环境规制强度和环境效率之间存在倒 U 型的关系。姬晓辉和汪健莹（2016）采用 2001—2013 年的省级面板数据，考察了环境规制对生态效率的影响，结果发现环境规制的生态效应受到外资规模、开放程度、研发投入等因素的影响并且具有门槛效应的特征，三者的变化会对环境规制政策的有效性产生较大影响。当越过一定门槛以后，环境规制的生态效应由负转换成显著为正。他们的研究最后指出，对于我国大部分地区而言，环境规制体现出无效性。高瑜玲和林翊（2018）采用 Tobit 模型实证检验了我国 30 个省（区、市）环境规制与生态效率之间的关系，结果发现环境规制具有很强的区域特征，环境规制与区域生态效率呈现出 U 型关系，东部地区位于曲线右侧，而中西部地区位于曲线左侧，并提出了强化区域环境治理协作，以及制定差异化的环境规制政策等提升区域生态效率的建议。

2.3.4 不同类型环境规制对生态效率的差异影响

学者还提出应该针对不同类型环境规制对生态效率的改善作用进行分类探讨。Sarker 和 Burritt（2005）以澳大利亚的石油行业作为研究对象，分析了两种不同的用于温室气体减排的环境规制策略，认为应该将不同的环境规制进行优化组合才能更好地改善生态效率。国内学者任海军和姚银环（2016）等从资源依赖的视角研究了环境规制对生态效率的影响，并将环境规制区分为投资型环境规制与收费型环境规制，结果发现整体上而言投资型环境规制促进了生态效率提升，而收费型环境规制对生态效率具有抑制作用。通过区域分组，他们还发现了环境规制对生态效率的作用受到资源依赖度的影响。另外，他们的研究还发现，以投资型环境规制为代表的命令控制型环境规制缺乏激励机制，不能有效引导企业自发地治理污染和进行清洁型生产。任胜钢等（2016）的研究也认为需要对环境规制的类型加以区分，并通过实证研究发现，对于我国的东、中、西部地区而言，强制型环境规制与生态效率呈现倒 U 型关系，而市场激励型环境规制对东部和中部地区的生态效率具有促进作用，与西部地区的生态效率呈现倒 U 型关系，自愿型环境规制与东部和中部地区的生态效率呈现倒 U 型关系，对西部地区生态效率的作用并不明显。

2.3.5 环境规制对生态效率影响的空间效应研究

随着空间计量经济学的兴起与普及，国内部分学者逐渐注意到生态效率的空间效应问题，并提倡采用空间计量模型分析环境规制与生态效率的关系，但这方面的研究相当少。国内学者李胜兰等（2014）的研究表明环境规制存在相互“模仿”的行为，并通过空间面板联立方程，分析了环境规制对生态效率的影响，发现环境规制对生态效率的作用正在由制约变为促进，或者制约作用减弱。卢燕群和袁鹏（2017）以我国各省份的工业生态效率作为研究样本，发现工业生态效率的空间滞后项回归系数非常显著，得出了工业生态效率具有空间效应的研究结论，并指出环境规制的逐底竞争将不利于工业生态效率的提升。罗能生和王玉泽（2017）将环境规制、财政分权与生态效率置于统一的分析框架下，发现在晋升激励机制下，由于地方政府之间的竞争行为，地方政府的经济发展模式在区域之间具有示范效应，因此区域生态效率具有明显的空间溢出效应，认为必须强化环境规制约束，才能充分发挥财政分权在经济与环境发展过程中“援助之手”的作用。

2.4 文献评述

在上述文献综述部分，首先对环境规制的相关理论进行了回顾和分析，然后对生态效率应用研究的演变过程进行了探寻，最后归纳总结了环境规制对生态效率影响的已有研究成果，旨在为本书研究提供丰富的理论基础。通过对已有文献进行系统梳理后发现，随着工业经济发展与生态环境之间的矛盾日益突出，如何实现工业经济的可持续发展成为学术界的重要研究课题。生态效率是兼顾了经济发展与生态效益的综合性指标，因此通过环境规制提高生态效率是实现工业经济与生态环境协调发展的必要途径。总体而言，国内外学者在环境规制和生态效率领域取得了丰富的研究成果。

首先，环境规制的概念虽然在不断演化，但内涵和本质是不变的。环境规制理论主要以环境资源的稀缺性、公共性、环境产权的不确定性等作为分析基础，将典型的规制理论与实际应用场景相结合，围绕如何合理配置资源、促使环境成本内部化展开理论研究。这些环境规制理论在解释规制为何产生，以及应该采用何种规制方式等方面并不一致，国内外学者也尚未对环境规制理论达成共识。但这些理论和思想为解决环境污染问题、实现可持续发展提供了理论基础和研究思路，环境规制也一直被视为改善生态环境的重要途径。

其次，生态效率的概念在20世纪90年代初被提出后，就引起了国内外学者的关注。生态效率的概念在WBCSD和OECD定义的基础上不断丰富和完善，但在应用研究中指标的选取仍然具有较大的差异性，这与学者研究的领域和侧重点不同具有较大关系。评价方法上形成了一系列较为成熟的方法，促使生态效率在产品、企业、行业和区域等层面得到了广泛应用。此外，国内外学者在研究的侧重点上存在差异。国外文献多以产品层面、企业或者产业层面的研究为主，而且明显要早于国内研究。国内学者则更加关注行业和区域层面的生态效率研究问题，这主要与改革开放以后我国生态环境逐步恶化有很大关系。由此可见，生态效率具有较强的研究价值。

最后，为了实现可持续发展，更多学者将生态效率作为评价环境规制政策是否有效的标准。遗憾的是，关于环境规制对生态效率影响的研究尚未形成统一的结论，但环境规制对经济增长与生态环境协调发展的重要性是毋庸置疑的。国外在这方面的实证研究相对较少，而国内学者的研究相对较为丰富，特别是在2010年以后，研究环境规制对生态效率影响的文献明显增多。由此可见，如何通过环境规制改善和提高生态效率已经成为国内学术界关注的热点和研究的前沿。

已有研究对制定环境规制政策、解决环境污染问题具有重要的借鉴意义。通过文献回顾，本书发现已有研究也存在一定的不足之处，主要体现在以下方面。

第一，忽略了环境规制影响生态效率的传导机制。环境规制的影响十分广泛，对社会发展具有较强的冲击效应。已有研究主要针对环境规制对生态效率的影响效果直接进行实证分析，鲜有文献涉及环境规制的传导机制，而环境规制可能通过传导变量对生态效率产生影响。如果忽略了传导变量的影响，就难以从根本上了解环境规制影响生态效率的作用渠道，不利于全面评估和科学预测其实施效果，也不利于分析和理解环境规制背后的地方政府行为，进而影响到政策建议的可执行性。

第二，已有研究大多将地方政府的环境规制决策视为独立行为。然而在现实中，地方政府为了获取竞争优势，往往会针对采取怎样的环境规制措施进行博弈。这就与传统研究中将研究对象作为独立个体的研究假设大相径庭，如果仍然采用传统的计量经济模型进行分析，将有可能导致以下两个方面的结果。一是将研究视野限定在区域范围之内。地方政府选择的最优环境规制强度只是局部最优，并不是全局最优，导致地方政府陷入环境规制的“囚徒困境”之中。二是实证研究面临计量估计问题。空间效应的存在违背了传统计量经济学的经典假设条件，因此采用传统计量方法估计环境规制对工业生态效率的影响系数将会产生偏差，甚至得出错误的研究结论。

第三，忽略了环境规制工具的差异性。已有研究虽然基于不同的出发点采用了多样化的环境规制指标，但大多是针对综合环境规制强度对生态效率的影响进行评估。不同的环境规制工具约束经济主体的方式和力度存在显著差异，关于这一点，赵玉民等（2009）的研究进行了较为详细的阐述。但是针对现阶段工业经济发展与生态环境的矛盾状况，鲜有文献就不同类型的环境规制工具对工业生态效率所产生的影响进行研究并提出有针对性的建议。环境规制工具的选择是实施环境规制的重要一环，地方政府需要结合自身实际，因地制宜地选择环境规制工具。

综上所述，关于环境规制与生态效率的问题已经取得了丰富的研究成果。针对已有研究的不足之处，本书将对环境规制影响工业生态效率的传导机制以及二者的空间相关性进行研究，同时比较不同类型环境规制工具对工业生态效率的差异性影响，从而为制定环境规制政策提供有益参考。

3 环境规制对工业生态效率影响的理论分析

本书采用一种新的分析视角，对环境规制如何影响工业生态效率进行分析。首先，从传导变量的角度来讲，环境规制如果通过其他变量对工业生态效率产生影响，则这些变量形成了环境规制影响工业生态效率的传导路径。在计量经济学中，传导变量也称为中介变量，环境规制通过传导变量对工业生态效率的影响称为中介效应。作为环境规制影响工业生态效率的中介，传导变量能否发挥中介作用，对提高工业生态效率具有重要意义。其次，从地方政府的环境规制行为来讲，环境规制对经济的影响较大，在统一的绩效考核机制下，地方政府互为竞争对手，环境规制存在策略互动行为，导致工业生态效率可能具有空间上的相关性，即空间效应。最后，从规制政策制定的角度来讲，不仅要考虑环境规制的强度，还要选择恰当的环境规制工具。本章将从传导变量、策略互动和政策制定三个角度，就环境规制对工业生态效率的影响进行理论分析，为后文的实证研究提供理论依据。

3.1 传导变量的影响：中介效应角度

环境规制在直接影响工业生态效率的同时，不可避免地会影响到其他变量，这些变量也可能会对工业生态效率产生影响。接下来，本书将主要基于外商直接投资、技术创新、工业结构、对外贸易等传导变量，探寻环境规制对工业生态效率的作用机制。

3.1.1 传导路径之一——外商直接投资

1. 环境规制对外商直接投资的影响

环境规制作为区域调整发展模式的重要手段，逐渐成为影响外商直接投资的重要因素。关于环境规制对外商直接投资的影响主要存在以下两种观点。

第一，环境规制对外商直接投资存在抑制效应。

Walter 和 Ugelow（1979）提出了著名的“环境污染避难所假说”，从环境规制导致的生产成本的角度出发，分析了外商直接投资的区位选择逻辑，并且从经验上验证了假说的合理性。与发展中国家相比，发达国家的环境管理能力普遍较强，制定和实施的环境规制政策更为完善，也更为严苛。随着环境规制的加强，外商直接投资企业为了实现利润最大化的目标，会重新考虑企业的区位选择，将生产转移至生产成本较低的地区（吴玉鸣，2007）。

在贸易自由化背景下，政府担心严苛的环境规制政策可能会得不偿失，因而制定较为宽松的环境规制政策，以吸引外商直接投资。当发达国家的产业发展到一定程度时，由于资源消耗及污染排放量较大，国家的环境规制会加强。随着政府环境规制的加强，企业所付出的生产成本将高于将产业转移到其他国家或地区的生产成本。基于趋利的特性，高能耗、高污染的产业就会优先考虑向规制水平较低的国家转移。这样，资源消耗型或污染密集型的产业就会逐渐从环境规制较强的发达国家向环境规制较为宽松的国家或地区迁移（郭建万和陶锋，2009）。而发展中国家迫于经济增长的需要，为了获取外商直接投资，不得不主动降低环境规制水平，以牺牲环境作为代价获得经济增长，成为发达国家污染产业的“污染避难所”。由此可见，环境规制是影响外商直接投资流入的重要因素，对外商直接投资具有抑制效应。

第二，环境规制对外商直接投资具有促进效应。

在严格的环境规制政策下，为了吸引外商直接投资，东道主国家通常会改变针对外商直接投资的引资政策。通过对环境友好型的投资企业提供支持和鼓励政策，对外商直接投资起到筛选作用。随着环境友好型的外商直接投资逐步增加，不仅利于优化外商直接投资的企业结构，也可以一定程度上减缓环境规制对外商直接投资的抑制效应（慕绣如，2016）。此外，就环境规制水平而言，外商直接投资企业母国的环境规制水平通常高于东道主国家的环境规制水平，投资企业通常拥有更加先进的环保技术和更为严苛的环保标准。随着东道主国家加强环境规制水平，外商直接投资企业更易获得竞争优势，能够获取更多的经济利益（王雷和黄聪，2012）。因此，东道主国家的环境规制也会对外商直接投资起到促进作用。

2. 外商直接投资对工业生态效率的影响

外商直接投资对工业生态效率的影响可以从以下两个角度进行分析。

一是外商直接投资的结构效应。外商直接投资给东道主国家带来的不仅是资源的流入，而且是产业结构的变化。根据“环境污染避难所假说”，一些发展中国家的环境规制较为宽松，甚至会为了吸引外商直接投资主动降低环境规制标准。而为了寻求更低的生产成本，发达国家中能耗较高、污染较重的企业就必然倾向于转移至环境规制水平较低的发展中国家（曹秋菊，2007）。因此，东道主国家产业中高能耗、高污染产业的占比就会逐渐增加，对工业生态效率造成不利影响。然而，吸引外商直接投资并不必然靠降低环境规制标准，在严格的环境规制政策下，东道主国家仍然可以通过合理的引资政策刺激外商直接投资，吸引更多的环境友好型外资企业，因此环境规制可以促进东道主国家产业结构的绿色转型。

二是外商直接投资的技术效应。外商投资企业通常具有先进的生产技术与管理经验，能够以更加高效、节能的方式进行生产，有利于东道主国家工业生态效率的提升（蒋殿春和张宇，2008）。与此同时，外商投资企业是本土企业获取技术转移与技术溢出的重要渠道，通过学习外商投资企业先进的生产技术与管理经验，可以促使本土企业的转型升级，对工业生态效率的提升产生促进作用。

因此，环境规制可以通过外商直接投资的路径影响工业生态效率。

3.1.2 传导路径之二——技术创新

1. 环境规制对技术创新的影响

环境规制产生了额外的税收、监管以及行政费用等，增加了企业的生产与经营成本。以 Porter 等（1995）为代表的学者认为，从短期来看，环境规制确实会导致企业成本的增加，但长远来看环境规制可以促进企业进行环境技术投资并提升企业管理和技术水平。目前，环境规制对技术创新的影响这一问题吸引了大量学者的关注，但尚未有统一的研究结论。整体而言，关于环境规制对技术创新的影响主要存在以下两种结论。

第一，环境规制抑制了企业技术创新。

根据外部性理论，如果企业不需要为排污行为付出任何代价，则边际私人成本是低于边际社会成本的。随着环境规制的增强，企业为了达到环境规制的标准与要求，需要付出的成本也在不断增加。由于新技术、新产品的研发具有一定周期，企业用于研发创新的资金相对有限，为了控制成本，企业原计划用于技术创新的部分资金就会被挤占，环境规制产生的成本对技术创新形成“挤占效应”（伍格致和游达明，2019）。例如，环境税及污染排放证的交易等对企业而言，都不具有生产性，会增加企业的经营成本，而且在短期并不会给企业带来收益。企业迫于资金约束可能减少技术创新投入。因此，环境规制在一定程度上阻碍了企业技术创新能力的提升。

第二，环境规制激励了企业技术创新。

环境规制的实施使企业经营成本增加，对企业竞争力造成影响。企业从自身利益最大化的角度出发，可以通过环境技术创新与生产技术创新，抵消环境规制给企业成本带来的负面影响，从而使企业在环境规制的约束与压力下获取竞争优势，这就是著名的“波特假说”（赵红，2008）。一方面，企业为了维持原有利润水平，会加大绿色环保技术的研发。通过绿色环保技术，可以降低企业生产过程中污染物的排放水平，提高产品的绿色技术含量，从而在降低治污成本的同时提高产品的技术附加价值。另一方面，在利润最大化的驱使下，企业致力于新技术、新产品的开发，通过技术创新对已有的生产设备与技术、工艺流程进行更新、改造或者升级，这不仅利于企业应对环境规制导致的成本增加问题，还可以提升企业的利润率与市场竞争力。因此，环境规制能够提高企业技术创新的能动性，对企业技术创新具有促进作用。

2. **技术创新对工业生态效率的影响**

技术创新对于经济绿色转型发展、生态环境改善具有较强的推动作用是。一方面，企业通过技术创新可以开发各种节约原材料与能源的产品，提升企业产品的绿色附加值，也有利于企业扩大市场份额，提高市场占有率。企业通过技术创新，不仅可以适应环境规制的要求，也满足了社会对环保节能产品的需要。另一方面，企业通过技术创新可以提高资源的利用效率，降低单位产品的能源消耗，也可以间接达到降低污染物排放水平的目标。由此可见，企业通过技术创新既可以解决企业面临的生态环境污染问题，也可以使经营效率得到提升，实现改善生态环境与绩效的“双赢”目标（罗良文等，2017）。因此，技术创新对工业生态效率的改善具有重要意义。

因此，环境规制可以通过技术创新的路径对工业生态效率产生影响。

3.1.3 传导路径之三——工业结构

1. **环境规制对工业结构的影响**

为了保护生态环境而实施的对经济主体行为具有限制性影响的法律、规章、政策及措施等必然会对相关产业产生影响，进而对工业结构产生影响。

第一，环境规制能够优化工业结构，加速高能耗与高污染企业退出。

环境规制可以对企业起到优胜劣汰的作用。为适应逐渐增强的环境规制，企业需要购置排污设备，被限制使用特定的自然资源，甚至部分企业不得不为了达到环境规制标准而减少产能。对于规模大、效益好的企业而言，通常能够通过购买新设备、引进新技术、改进现有的生产工艺与流程，减少污染物的排放和降低额外的成本。企业也可以迅速做出战略调整，使用更多的低碳节能技术与服务。在从传统的工业企业向新型低碳环保的工业企业转变的过程中，也必然促进环保技术产业与服务业的迅速发展。而对于中小企业而言，企业的最优规模因为环境规制成本的增加而发生改变，其自身无法实现规模经济，最终被迫退出市场。因此，环境规制会促使高能耗、高污染产业的规模逐渐萎缩，而低碳环保产业在整个工业结构中的占比会逐渐增加。目前，很多地区实施了关停并转政策，强制不符合环保标准的污染密集型企业退出市场，有效淘汰了工业落后产能。由此可见，环境规制对工业结构的绿色转型升级起到了良好的推动作用（原毅军等，2014）。

第二，环境规制提高了企业进入壁垒，推动工业结构转型升级。

对于已有企业而言，进入壁垒是一种保护。而对于潜在进入者而言，如果进入一个产业必须承担一定的生产成本，则提高了其进入的门槛。环境规制提高了企业进入的资金壁垒，加大了企业进入的难度。与此同时，环境规制还提高了企业进入的技术壁垒，企业进入某一行业需要付出更多的进入资本，一定程度上会损害企业的成本优势。企业进入的壁垒随着环境规制的加强而提高，从而达到限制部分企业进入的目的。对于高能耗、高污染产业，政府为了防止生态环境恶化，往往制定较高的环境规制标准，直接对高能耗、高污染产业的企业数量产生影响，进而影响整个工业经济结构。而对于绿色环保和清洁生产企业，政府为了鼓励其发展，往往会采取补贴或者税收减免等优惠政策。这样绿色环保和清洁生产企业的数量就会不断增加，原有企业的市场份额被压缩，形成新的工业发展格局。因此，环境规制无形中形成了企业的进入壁垒，抑制了高能耗、高污染企业数量的增加，能够促进绿色环保与清洁产业的发展，推动工业结构的转型升级（梅国平和龚海林，

2013)。

第三，环境规制改变了社会需求，有利于工业结构的优化。

社会需求是经济系统中各部门组成与变化的重要影响因素，需求量大则说明产业具有良好的发展前景，会吸引越来越多的企业进入，反之则会促使企业退出，进而使产业逐渐萎缩（颜艳秋，2015）。

首先，环境规制改变了消费的需求结构，从而对工业结构产生影响。随着环境规制的逐渐加强，人们对环境的关注度也会提高。由于环保意识逐渐增强，人们偏好于选择绿色环保节能产品，使绿色环保节能产品的消费需求量不断加大。而且环境规制有利于人们掌握产品的绿色环保信息，消除生产者与消费者之间关于产品能耗信息的不对称性，引导人们绿色消费。例如，通过产品的绿色认证，或者环境标签的方式，可以引导人们选择和消费绿色环保产品。在市场机制的调节下，消费结构的变化引导生产要素更多地流向绿色环保产业。

其次，环境规制改变了投资的需求结构，从而对工业结构产生影响。投资需求直接反映了生产要素的流向，对工业结构的发展变化具有重要影响。为了控制环境污染，政府通过制定相应的政策与措施，对工业企业的生产活动进行规范，鼓励优先发展绿色环保与清洁生产企业。为了适应环境规制的要求，满足公众对绿色环保产品的消费需求，投资者也必然会转向投资那些技术含量高、污染排放小的绿色环保行业。因此，环境规制改变了投资的需求结构，进而对工业结构产生影响，推动工业结构转型升级。

2. 工业结构对工业生态效率的影响

工业结构反映了工业经济部门的组成，也反映了工业生产与再生产的技术经济联系。从微观角度来讲，工业结构的变动表现为行业的变动与企业的变动。由于不同行业与企业的工业生态效率是存在差异的，工业结构的变动自然会带来工业生态效率的变化。从企业角度来看，环境规制加快了污染密集型企业的退出，促使企业采用更多的节能环保技术，有效降低污染物的排放水平，从而对工业生态效率的改善产生积极作用。从行业角度来看，更多的资源与生产要素流向工业生态效率较高的行业，那么区域的工业生态效率也会得到改善。相反，如果资源与生产要素向污染密集型的重污染行业倾斜，则行业结构的变化会对工业生态效率造成负面效应。随着环境规制的加强，消费者的消费需求与投资者的投资需求不断向节能环保与清洁生产行业倾斜，工业部门中环境友好型企业的占比逐渐提高，从而能够有效提升区域的工业生态效率（韩永辉等，2016）。

因此，环境规制可以通过工业结构的路径影响工业生态效率。

3.1.4 传导路径之四——对外贸易

1. 环境规制对对外贸易的影响

随着贸易自由化和经济全球化的发展，对外贸易中的环境污染问题引起了社会的广泛关注，政府采取了一定的环境规制措施。关于环境规制对对外贸易的影响主要形成了以下观点。

第一，环境规制不利于对外贸易的发展。

环境污染的外部性是导致对外贸易与生态环境产生矛盾的重要原因。环境成本内部化是解决国际贸易中环境污染问题的重要途径。环境要素应该与资本、劳动力、技术、资源等要素一样，被视为对外贸易企业的生产要素。政府通过制定相应的环境规制措施，如对环境资源进行合理的定价、界定环境资源的产权、制定合理的环境政策等，将环境成本纳入对外贸易企业的生产成本中。对外贸易企业使用了环境要素，需要付出相应的环境成本。企业为了获得利润，需要对产品价格进行调整，这样价格就能体现产品的全部社会生产成本，从而将环境成本内部化，转为企业的生产成本。对外贸易企业因使用环境资源而需要付出相应的成本，往往需要提高价格，借以转嫁环境规制引发的成本，这将导致对外贸易企业的成本收益曲线发生变化。因此，环境规制在一定程度上可能削弱对外贸易企业在国际市场上的价格竞争优势，不利于对外贸易的发展（强永昌，2010）。

第二，环境规制可以促进对外贸易的发展。

从环保意识的角度来看，通过实行严格的环境规制，能够使社会公众更加关注对外贸易中的环保问题，提高对外贸易企业对环境问题的重视程度和对环境保护的社会责任感。在环境规制的约束下，对外贸易企业更加注重绿色环保技术的创新与污染处理设备的更新换代，以减轻对环境造成的不利影响。从战略调整的角度来看，对外贸易企业对环保问题的关注也会促使其进行积极的战略调整，扩大企业在环保产品、绿色生产技术上的投资。从社会需求的角度来看，随着公众的环保意识逐渐增强，对外贸易中绿色环保产品的需求加大，对外贸易企业会增加对绿色环保产品的创新力度。环境规制虽然会增加一定的生产成本，但在环境规制的约束下，对外贸易企业可以通过工艺创新、技术创新与产品创新等方式，消除环境规制的负面影响。通过工艺创新，可以提高资源的利用率与产出率，提高企业经济效率；通过技术创新，在降低污染物排放水平的同时提高了产品的技术附加价值，增加了国际竞争力；通过产品创新，能够有效满足社会公众对新型节能环保产品的需求，有利于扩大国际市场份额，获取竞争优势。因此，环境规制能够提升对外贸易企业的创新能力，促进对外贸易的发展。

第三，环境规制有利于对外贸易增长方式从资源密集型向资源节约型转变。

首先，为了控制对外贸易中的环境污染问题，政府通过环境规制限制污染密集型对外贸易企业的发展。对于大多数处于工业化发展初期和中期的发展中国家而言，由于工业技术水平较低，为了在国际市场上获得竞争优势，通常采取较低的环境规制标准与较为宽松的环境规制政策。但是，随着对外贸易的发展，发展中国家的环境逐渐恶化。从环境要素禀赋的角度来看，发展中国家不再具有环境优势，逐渐摒弃传统的粗放型发展方式。随着环境规制的加强，污染密集型对外贸易企业需要付出额外的成本来进行绿色环保技术创新和引进先进的治污设备等，从而逐渐丧失其国际竞争优势。因此，环境规制的实施限制了对外贸易中污染密集型产品的比重，不利于污染密集型对外贸易企业的发展。

其次，对于参与对外贸易的环保型产业而言，环境规制对其发展具有促进作用。环保型产品的生产需要先进的技术设备和工艺，因而与污染型产品相比，环保型产品往往具有更高的生产成本，进而具有更高的市场价格。在环境规制较为宽松的情况下，环保型产品的国际竞争力低于污染型产品。随着环境规制的加强，污染型产品中蕴含的环境要素成本上升，并体现在产品的市场价格中，相比之下，环保型产品的贸易优势得以提升。此外，环境规制对人们的消费倾向具有引导作用，随着人们消费环保产品的意识逐渐增强，绿色环保型产品具有更好的市场发展前景。因此，环境规制对对外贸易中环保型产业的发展具有促进作用。

此外，环境规制降低了资源型初级产品在对外贸易中的比重。在环境规制较为宽松的情况下，资源的价格被低估。资源型初级产品因为价格低廉而具有较强的价格优势，在经济利益的驱使下，资源型初级产品被大量生产并进入对外贸易市场，对生态环境造成严重破坏。对外贸易中由资源型初级产品所带来的环境问题引发了世界各国的重视，环境规制的实施使资源的价格被重新定义。随着资源型初级产品的价格大幅提升，对外贸易中资源型初级产品所占的比重逐渐降低。因此，环境规制可以改变对外贸易的产品结构，促使对外贸易结构向绿色环保方向发展（邵帅，2017）。

2. 对外贸易对工业生态效率的影响

对外贸易在促进世界经济发展的同时，也对生态环境造成了影响。对于经济发展水平较为落后的国家而言，企业将更多地生产资源密集型产品和资源型初级产品，导致对外贸易中资源密集型产品和资源型初级产品的比重较高，工业生态效率较低。而对于经济发展水平领先的发达国家而言，环境规制更为严格，随着对外贸易的发展，资本流动不断加大，其将污染产业转移至环境规制较为宽松的发展中国家，对发展中国家的工业生态效率造成影响。但是，随着世界各国对对外贸易与生态环境的关系越来越关注，一方面促使对外贸易企业不断进行绿色环保技术创新、节能生产，这对于提高工业生态效率具有重要作用；另一方面增加了国际市场对环保型产品的需求，有利于环保产业的发展，从而对工业生态效率的提升起到积极作用（侯伟丽，2008）。

因此，环境规制可以通过对外贸易的路径对工业生态效率产生影响。

3.2 策略互动的影响：空间效应角度

3.2.1 策略互动的产生机制

在传统的经济发展与环境污染研究中，地方政府的决策通常被视为独立行为。近年来，越来越多的学者认为，由于环境污染存在外溢性，加之环境规制对外商直接投资等经济变量也会产生一定的影响，在晋升激励机制下，地方政府在制定环境规制政策的时候存在策略互动行为。环境规制策略互动行为的提出，打破了传统研究中将地方政府作为独立个体的研究假设。

对地方政府策略互动行为的研究，可以追溯到地方政府竞争理论（张华，2016）。地方政府竞争理论认为，地方政府为了保持自身的竞争优势，往往会通过制定相应的政策，吸引资本、劳动力以及其他流动性资源竞相流入。

学术界通过对地方政府竞争的形式进行探讨，深入阐述了地方政府竞争的发生机制。根据 Revelli（2005）的研究，地方政府之间相互影响的渠道表现为偏好、约束以及期望三种形式，分别与 Brueckner（2003）提出的溢出效应理论、资源流动性理论以及标尺竞争理论相对应。其中，溢出效应理论认为，如果公共支出所产生的利益在空间上存在溢出现象，则会导致地方政府的政策制定受到相邻区域政策的影响。资源流动性理论认为，地方政府为了获取竞争优势，往往会通过财政收支等手段，争夺有利于本地区发展的各种稀缺资源。而标尺竞争理论则认为，地方政府策略互动的动机来源于相对绩效考核机制。在政治委托-代理框架下，委托人因缺乏对地方政府努力程度和经济特征的了解，往往对地方政府之间的相对绩效进行比较，并作为政府绩效的评判标准。因此，地方政府在政策制定中不得不考虑到邻近地区政府的政策行为。溢出效应、资源的流动性以及标尺竞争有效地驱动了地方政府之间的策略互动行为，从而构成了策略互动的产生机制。

3.2.2 策略互动与最优环境规制强度选择

通过对环境规制影响工业生态效率的传导路径进行分析，可以发现环境规制对传导变量总是具有正负两个方向的影响。这将导致环境规制与工业生态效率的关系具有复杂性，最直接的表现就是环境规制与工业生态效率可能呈现非线性关系。区域政府在制定环境规制政策时，需要平衡经济发展与生态环境保护两个目标。既要尽量控制环境污染，又要避免环境规制过于严格而在区域竞争中失去优势。可以说，环境规制政策的制定既是应对生态环境问题的过程，也是区域与区域之间不断进行博弈的过程。环境规制的强度过高或者过低，可能都不利于区域工业生态效率的提升，只有将环境规制强度维持在合理的区间，才能有效发挥环境规制对于工业生态效率提升的推动作用。

通过对区域发展过程进行研究可以发现，区域的经济发展水平与环境规制强度往往具有很大关系。通常情况下，经济发展水平较高的区域具有较高的环境规制强度，而经济发展水平较低的区域具有较低的环境规制强度。这主要是由于区域为了促进经济增长，提高就业和收入水平，往往会通过降低环境规制强度来留住企业（Konisky，2007）。相应地，那些经济发展水平较高的区域为了留住企业也会在一定程度上降低环境规制强度。区域之间的这种策略互动将会导致环境规制强度普遍降低。

此外，由于环境污染具有很强的外部性，在环境污染的空间扩散效应下，区域即便执行严格的环境规制政策也不一定会减少环境污染所造成的损失。地方政府更倾向于大力发展经济，从而与相邻区域共担环境污染成本（Woods，2006），这也是空间效应作用下环境规制强度处于较低水平的重要原因。

在中国，由于实行财政分权治理结构，以及长期以来以经济增长作为地方政府绩效考核的核心指标，地方政府为了获取更多的财政收入以及获得相应的政绩提升，在制定环境规制政策的过程中存在“逐底竞争”的现象。在中国现行的环境规制体制下，地方政府拥有实施地方性环境规制的权力。企业的合规成本存在地域上的差异，主要取决于地区的经济发展程度。企业的合规成本在地域上的差异，驱动了生产要素在区域之间的流动和转移，自然也为地方政府主动降低环境规制标准提供了“合理”动机。

在地方政府竞争的背景下，地方政府为了获取流动性资源，会参照其他地方政府制定的环境规制政策，进而选择有利于自身的最优环境规制强度。与此同时，其他地区也会迅速做出反应，导致相邻区域的环境规制水平具有很大程度的相似性，即环境规制政策存在“趋同效应”。在环境规制策略互动的研究假设下，地方政府制定环境规制政策时有可能陷入“规制陷阱”，而环境规制则沦为地方政府争取流动性资源的博弈工具。以经济增长为导向的绩效考核机制不利于工业生态效率的提升，区域政府为了维持工业经济增长不可能主动加大环境规制强度，反而有可能为了自身发展将环境规制强度维持在一个较低的水平。

3.3 政策制定的影响：环境规制工具差异角度

3.3.1 环境规制工具分类

政府制定的环境目标需要通过具体的环境规制工具来实现。目前，学术界关于环境规制工具的分类标准并不统一，本书采用了实证研究中较为常用的办法，即从规制工具发挥作用的主体以及规制工具强弱性的角度对规制工具进行划分，将环境规制工具分为命令控制型环境规制工具、市场激励型环境规制工具和公众参与型环境规制工具三种（黄清煌等，2017）。我国的环保事业经历了从无到有并逐渐完善的发展过程。根据经济社会的发展状况以及环保过程中实行的环境治理政策，我国的环境规制也经历了命令控制型环境规制形成、市场激励型环境规制快速发展和公众参与型环境规制涌现的发展阶段，因此有必要从环境规制工具的角度分析环境规制对工业生态效率的影响。

1. **命令控制型环境规制工具**

命令控制型环境规制工具主要是指政府立法与环保部门根据环境规制的目标制定的相应的法律法规。政府通过强制措施，对企业的排污行为进行约束，并且对违反相关法律法规的行为进行处罚。被规制企业必须依据法律法规的技术标准与排放标准运营，否则将面临经济或者行政上的处罚。命令控制型环境规制的特点主要表现在法规管制和环境损害赔偿两个方面。在法规管制方面，政府为明确环境规制的目标，通常会制定相应的法律、法规或者一些行业规章、规范，用于指导和监督企业的生产过程，并对企业生产过程中的相关违法行为进行处罚。环境损害赔偿则是针对个人或企业的活动，在其导致生态环境或生活环境遭到损害后，行为人需要承担法律后果。环境损害赔偿是一种侵权责任，行为人根据相关法律法规，需要承担相应的民事责任。

2. **市场激励型环境规制工具**

市场激励型环境规制工具主要是指政府基于市场机制设计的规制措施，旨在借助市场信号引导和激励企业积极寻求提升资源利用效率、降低污染物排放水平的措施与途径，进而促使环境质量得到改善与优化。通常情况下，政府主要采取发放交易许可证、收取相关环境税费、发放环境补贴、退还押金等市场手段。与命令控制型环境规制不同，市场激励型环境规制主要是通过一些市场手段，将生态环境保护的目标与企业追求利益最大化的内在机制结合起来，引导企业的环境决策。市场激励型环境规制的核心在于遵循污染者付费的原则，将外部性纳入企业内部，使企业的服务或者产品的价格包含环境成本，从而提升资源的利用效率。

3. **公众参与型环境规制工具**

随着环境管理实践的不断发展，公众参与得到前所未有的重视。公众参与型环境规制并不直接以法律作为约束机制，而是在法律约束之外，通过劝说、舆论等方式施加规制压力，促使企业主动公开相关环境信息，减少生产中的环境污染行为。从参与者来看，参与个体主要是政府所服务的对象，除了包括公民以外，还包括各类营利性组织、民间机构以及专业服务型的非政府组织等。规制中参与者是否自愿是公众参与型环境规制与其他环境规制方式相区别的关键。目前典型的公众参与型环境规制工具主要有与环境密切相关的产品认证、信息公开、听证、信息披露以及相关管理体系等。通过自愿参与到环境规制中，公众在降低环境损害方面将由被动转为主动，将投入更多的资源、付出更多的成本，以减少和控制环境污染。

3.3.2 环境规制工具对工业生态效率的影响分析

任何一种环境规制工具的实施，均会产生相应的规制成本与收益。环境规制的成本包括规制机构的政策制定成本、执行与监督成本等，环境规制的收益则主要指环境规制给生态环境及社会经济发展带来的有益影响。成本收益的差异必然会影响到环境规制工具的绩效水平，并对工业生态效率产生不同的影响。环境规制的有效性与规制对经济主体的约束机制存在较大关系。在实际使用过程中，地方政府需要对环境规制工具的成本与收益进行综合评估，选择恰当的环境规制工具，促进工业生态效率的改善。

1. 命令控制型环境规制工具对工业生态效率的影响

在命令控制型环境规制下，政府通过制定相关法律法规，并以行政命令等方式，对企业使用环境资源和保护生态环境的行为进行约束，甚至会直接干预企业的日常生产。行政命令具有较强的行政约束力，会产生立竿见影的效果，能在较短的时间内提升整体的工业生态效率水平。

在命令控制型环境规制工具的作用下，政府以绝对的权力对环境资源的利用和保护进行直接干预，与该种规制工具相关的规制制度具有非常强的强制性。对于规制机构而言，为了保障命令控制型环境规制的实施，需要付出高昂的管理、控制与监督成本。此外，还可能使官员在规制过程中产生“设租”与“寻租”行为，致使环境规制的效果不尽如人意。对于受规制的企业而言，企业很难通过主动的污染治理活动获得利益与竞争优势，因此导致其环境保护的积极性并不高，最终规制的激励效应可能并不理想。通常情况下，规制机构并不十分了解被规制企业的生产成本以及排污信息，因而采用统一的标准进行规制。企业具有较大的异质性，无论是生产成本还是排污行为都存在较大差异，但在统一的标准下企业几乎无法选择控制环境污染的策略（牛丽娟，2016）。

命令控制型环境规制工具所具有的高成本与低效率，使得其对工业生态效率的改善作用大打折扣。当规制力度过大时，不仅达不到改善工业生态效率的效果，反而可能产生负面效应。因此，尽管命令控制型环境规制工具在各国的环境保护工作中运用得最为广泛，也发挥了巨大的作用，但它仍然受到了很多学者的诟病。

2. 市场激励型环境规制工具对工业生态效率的影响

与命令控制型环境规制相比，市场激励型环境规制给予了企业较大的自主选择权。在市场激励型环境规制下，政府通过发放交易许可证、收取相关环境税费、发放环境补贴、退还押金等诸多手段，激励企业减少对环境的损害，进而达到提高工业生态效率的目的。

在环境与技术标准方面，市场激励型环境规制通常不会制定统一的要求，企业可以自行选择，只要排污量或者排污行为符合环境规制的政策规定即可。在市场激励型环境规制下，企业用于降低环境损害的投入虽然也需要纳入生产成本，但当企业通过一定的途径降低了环境污染水平时，便可以付出较少的环境规制成本。从企业发展的角度来讲，企业主动地进行技术创新与产业升级等是“有利可图”的。总的来看，市场激励型环境规制工具虽然也会在一定程度上提升企业的成本，但给予企业合理降低经营成本的选择空间。市场激励型环境规制工具更能激发企业的自主性，在污染治理和减少环境损害方面效率更高，更有利于工业生态效率的提升。

政府与企业之间存在信息不对称的情况，从而导致政府制定的环保政策与企业的实际生产关联性不大。信息不对称所引起的环境规制工具失效是市场激励型环境规制的一个缺点。另外，市场激励型环境规制发挥作用的载体在于市场体系，市场机制的完善与否对其在环境资源配置中的作用具有重要影响。因此，当处于市场激励型环境规制的起步阶段时，由于经验不足和市场机制不完善，市场激励型环境规制可能并不能很好地发挥改善工业生态效率的作用。随着地方政府的规制经验增加，市场机制逐步完善，市场激励型环境规制才可以实现改善工业生态效率的目标。

3. 公众参与型环境规制工具对工业生态效率的影响

在环保策略的选择上，公众参与型环境规制赋予了企业更大的灵活性。企业可以结合自身实际情况，制定合理的环保政策，从而降低企业生产对生态环境的影响，促使工业生态效率不断改善。公众作为此种类型环境规制的主体，自愿参加到环境管理过程中，通过舆论监督给企业的环境决策施加压力，促使其做出有利于环境的生产经营决策。公众参与型环境规制成为对命令控制型和市场激励型两种环境规制方式的有益补充。

公众是环保领域重要的监督和约束力量，公众参与环境管理是公众环保意识和责任意识不断提高的体现。通过引导公众自觉参与环境保护，能更大程度地提升公众的自主性，对工业生态效率产生积极影响。通过发挥公众在环境污染治理中的主体作用，可以为环境规制机构提供更多的决策信息，降低环境规制机构的决策成本，提高环境规制的效率。此外，公众参与型环境规制工具还具有较强的公众监督作用，通过公众监督可以进一步使企业增强环保意识，重视环境绩效问题，主动减少对环境的损害。因此，它能够有效地起到提升工业生态效率的作用。但值得注意的是，公众参与型环境规制工具主要是通过社会公众的力量发挥规制作用，只有当这种力量达到一定程度时才能给企业带来一定的“威慑性”，进而达到改善工业生态效率的目的。

3.4 本章小结

本章主要从理论的角度分析了环境规制对工业生态效率所产生的影响，进而形成统一的分析研究框架。首先，基于环境规制的传导机制，分析并总结出了环境规制影响工业生态效率的四条传导路径，分别是外商直接投资、技术创新、工业结构和对外贸易。其次，基于空间效应的角度，根据地方政府竞争理论，阐述了策略互动行为产生的内在机制，同时分析了策略互动将会对环境规制强度的选择产生何种影响。最后，从环境规制工具的角度出发，分析了不同类型的环境规制工具对工业生态效率的影响。其中，命令控制型环境规制工具的效果立竿见影，但是力度过大则会对工业生态效率产生负面效应；市场激励型环境规制工具能够有效激发企业减少环境污染的能动性，但效果与市场机制完善与否具有较大关系，只有当市场激励型环境规制发展到一定阶段时才能发挥改善工业生态效率的作用；而公众参与型环境规制是对命令控制型与市场激励型两种环境规制方式的有益补充，对工业生态效率的改善具有重要作用。总体而言，本章的理论分析将为后文研究提供基本思路，后续将围绕传导机制、空间效应以及环境规制工具的差异性三个角度一一进行实证研究。

4 我国工业生态效率的测算

本书以环境规制对工业生态效率的影响作为研究主题，则如何影响、影响程度如何，均需要在后面的实证研究中做出解答。本章首先对现有的生态效率测算方法进行了比较，并根据生态效率的内涵选取了测算指标；其次，运用数据包络分析法对我国的工业生态效率进行了综合测算；最后，对我国工业生态效率的总体特征、发展趋势、区域差异以及空间分布格局进行了分析，以便对我国的工业生态效率有一个较为清晰的认识，也为后续章节进行实证研究时构建面板数据做好准备。

4.1 生态效率测算方法

4.1.1 生态效率测算方法比较

生态效率的测算方法已经较为成熟，较为常用的有经济/环境比值法、生命周期评价法、生态足迹法、随机前沿分析法与数据包络分析法等。

经济/环境比值法是一种直接从生态效率的概念演化而来的、较为传统的测算方法。OECD（1998）提出可以通过产品和服务的价值与环境影响之间的比值来衡量宏观领域的生态效率。WBCSD（2000）提出通过投入和产出的比值来进行生态效率的测算。经济/环境比值法虽然算法简单，容易理解，但是计算过程中需要将所有的环境影响都转为具有统一单位的环境影响值，这显然不太现实，而且不能给予决策者选择上的弹性，不能给出最优的比率集合。20 世纪 90 年代，生命周期评价法（Life Cycle Assessment）被广泛用于对生态效率的评价，但是生命周期评价法具有主观性太强的弊端，而且区域可比性不强，不适用于区域之间的比较，而是更加适用于单个产品或者特定行业的生态效率评价。Ress（1992）提出用生态足迹来衡量人类对自然资源的利用程度，以及自然界为人类提供的生态支持服务功能。生态足迹法计算便捷，易于理解，但是更多地用于静态分析，而且更加偏向于生态性，忽略了经济发展的可持续性。

Aigner 等（1977）提出的随机前沿分析法，以及 Charnes 等（1978）提出的数据包络分析法是目前应用较为普遍的两种方法，二者都是通过生产前沿面测算效率。其中，随机前沿分析法需要构造投入与产出之间的生产函数，函数形式的设置正确与否直接决定了测算效率的合理性，属于一种参数分析方法。当指标之间的关联性过高时，会影响结果的可靠性，而数据包络分析法则没有这些限制。因此，目前大多数学者更倾向于采用数据包络分析法。

4.1.2 数据包络分析法

数据包络分析法（DEA 方法）基于线性规划的基本思路，对具有相同投入与产出的决策单元的效率测算具有良好的适用性，属于一种非参数的前沿效率计算方法。测算时不需要确定投入指标与产出指标之间的关联形式，不要求指标具有统一性的量纲，也无须事先计算指标权重，而是在最优化的过程中内生出对于决策单元而言最优的指标权重，评价结果相对更为客观。

DEA 方法将类型相同的部门或单位视为决策单元，依据生产有效前沿面与决策单元的位置关系确定其有效性。当决策单元位于生产前沿面上时为有效决策单元，反之被视为无效决策单元。通过计算各个决策单元距离生产前沿面的相对远近，可以对决策单元的相对有效性进行评价。DEA 方法有 CCR 与 BCC 两种基本模型，本书拟对工业生态效率进行综合测算，所以采用包含了规模效率的 CCR 模型，具体如下。

假设有 n 个决策单元，它们的投入和产出类型是相同的，现在要对其相对效率进行评价。假定每个决策单元有 m 种类型的投入，有 s 种类型的产出，决策单元 k 的第 i 种投入记为 X_{ik}，第 r 种产出记为 Y_{rk}，则决策单元 k 的相对效率可表示为：

$$\max \frac{\sum_{r=1}^{s} u_r Y_{rk}}{\sum_{i=1}^{m} \nu_i X_{ik}}$$

$$s.t. \quad \frac{\sum_{r=1}^{s} u_r Y_{rj}}{\sum_{i=1}^{m} \nu_i X_{ij}} \leqslant 1 \tag{4-1}$$

$$u_r \geqslant 0;\ \nu_i \geqslant 0$$

$$r=1,\ 2,\ \cdots,\ s;\ i=1,\ 2,\ \cdots,\ m;\ j=1,\ 2,\ \cdots,\ n$$

上式中，ν_i 与 u_r 分别表示第 i 种投入与第 r 种产出的权重。通过施加约束条件，将决策单元相对效率值控制在不超过 1 的水平，在此条件下根据最大化决策单元的效率值内生出对决策单元最为有利的权重值。由于上述规划属于分数型规划，不易求解，而且存在无穷解，需将其转化为线性规划模型。令 $t=\frac{1}{\sum_{i=1}^{m} \nu_i x_{ik}}$，上述模型的目标函数变为 $\max t\sum_{r=1}^{s} \mu_r Y_{rk}=\sum_{r=1}^{s} t\mu_r Y_{rk}$，再令 $\mu=tu$，$\upsilon=t\nu$，则上述非线性规划转化为：

$$\max \sum_{r=1}^{s} \mu_r Y_{rk}$$

$$s.t. \quad \sum_{r=1}^{s} \mu_r Y_{rj} - \sum_{i=1}^{m} \upsilon_i X_{ij} \leqslant 0$$

$$\sum_{i=1}^{m} \upsilon_i X_{ik} = 1 \tag{4-2}$$

$$\mu_r \geqslant 0;\ \upsilon_i \geqslant 0$$

$$r=1,\ 2,\ \cdots,\ s;\ i=1,\ 2,\ \cdots,\ m;\ j=1,\ 2,\ \cdots,\ n$$

为方便求解，进一步将其转化为对偶模式，如下：

$$
\begin{aligned}
& \min \theta \\
& s.t. \sum_{j=1}^{n} \lambda_j X_{ij} \leqslant \theta X_{ik} \\
& \sum_{j=1}^{n} \lambda_j Y_{rj} \geqslant Y_{rk} \\
& \lambda \geqslant 0 \\
& i=1, 2, \cdots, m; r=1, 2, \cdots, s; j=1, 2, \cdots, n
\end{aligned}
\tag{4-3}
$$

上述模型中的最优解 θ^* 为决策单元的相对效率值，$1-\theta^*$ 表示在当前的技术水平条件下，不降低产出时能够最大缩减投入的程度。如 $\theta^*=1$，则 $1-\theta^*=0$，表示不减少产出就无法缩减投入，即当前的投入要素已经得到充分运用，决策单元处于有效的生产前沿面。θ^* 越小，$1-\theta^*$ 越大，说明决策单元在不降低产出的情况下能够缩减投入的幅度越大，从而相对效率越低（朱乔，1994）。

4.2 工业生态效率测算指标的选取

4.2.1 测算指标选取原则

工业生态效率测算指标的选取主要遵循以下几个原则（向艺，2015）。

（1）真实性原则。选择的测算指标应能反映工业生态效率的整体情况，避免主观偏好，从而建立一个客观、公正的测算体系。

（2）目标性原则。本章研究旨在通过对工业生态效率的测算把握工业生态效率的整体情况，为后文的实证研究做好数据准备。因此，工业生态效率测算指标必须能反映工业经济增长与生态环境两者之间的关系及变化趋势。

（3）简洁性原则。简洁性原则是指测算指标的数量并不是越多越好，而是应该“恰到好处”。简洁的指标体系可以避免混乱，在抓住关键的同时便于计算分析。研究中应针对研究对象选择关键因素，以此提取出相应的指标体系。在充分反映工业经济增长与生态环境关系的情况下，所选择指标的数量应该尽可能地少。从数学角度而言，此为必要性原则而非充分性原则。

（4）数据可获得性原则。在实证研究中，拥有完备的测算指标体系固然更好，但如果某些指标的数据难以获取，则测算体系再完善也难以运用到实践中。因此，选择工业生态效率测算指标时应该考虑能否获得相应的数据，是通过直接还是间接的方式获取，即要考虑数据的可获得性。

（5）独立性原则。在指标的选取过程中，要求选择的指标具有良好的独立性，即能够单独地反映研究对象某一方面的情况，例如，不能既表示活动的投入方面又表示产出方面。在对研究对象进行系统分析后，根据影响或决定因素，分析得到指标体系。指标体系内各指标间要相互独立，否则相关的几个指标中必然有一个或数个是多余的。

4.2.2 测算指标的选取

基于已有研究中生态效率的概念，本书将工业生态效率定义为：一定时间内特定区域提供的工业产品或服务的经济价值与工业生产过程中对生态环境造成的负面影响两者之间的比值，抽象为：

$$\text{工业生态效率}=\frac{\text{工业经济价值}}{\text{生态环境影响}} \tag{4-4}$$

生态效率既要考虑经济效益又要考虑生态环境效益，从而可以有效地将可持续发展的目标融入经济发展规划与管理中。工业生态效率衡量的是工业生产活动中的经济价值与对生态环境造成的负面影响之间的关系（Barbagutiérrez 和 Adensodíaz，2008）。

结合指标体系设计中的真实性、目标性、简洁性、数据可获得性、独立性等原则，本书选取了工业增加值作为衡量工业经济价值的指标。工业经济价值的衡量指标应能够反映地区工业经济的发展水平，而工业增加值反映了一定时期内工业生产的总规模和总成果，是较为可靠和准确的指标。工业经济活动对环境的影响主要体现在污染物的排放上，工业污染物的种类较多，其中以工业废水、废气、固体废弃物为主，而且这三类污染物也是环境污染的主要根源。因此，本书采用上述三废指标对工业经济活动造成的环境影响进行衡量（梅雪芹，2000）。此外，本书主要从环境角度对工业生态效率进行分析，因此并未考虑资源投入类指标。

4.3 工业生态效率测算模型构建与数据来源

4.3.1 工业生态效率测算模型的构建

Kuosmanen 和 Kortelainen（2005）提出了应用 DEA 模型对生态效率进行测算的思路。DEA 模型不需要关于权重的先验知识，仅通过数据本身估计各个决策单元可能达到的最优效率值，计算出各个指标的内生权重，可有效避免专家赋权对测算结果造成的主观影响。Picazo-Tadeo 等（2011）在研究农业生态效率时也基于 DEA 方法构建了测算模型。依据 DEA 方法的原理，本书构建的工业生态效率测算模型具体如下。

假设有 n 个决策单元（DMU），每个决策单元产生的工业经济价值为 y_k，共有 m 种环境污染排放物 p，则决策单元 k 的工业生态效率可用如下分数型规划表示：

$$\max eco\_effi_k = \frac{y_k}{\sum_{i=1}^{m} w_i p_{ik}}$$

$$s.t.\ \frac{y_i}{\sum_{i=1}^{m} w_i p_{ij}} \leqslant 1 \tag{4-5}$$

$$w_i \geqslant 0$$

$$i=1,\ 2,\ \cdots,\ m;\ j=1,\ 2,\ \cdots n$$

式中，eco_effi_k 表示工业生态效率，用经济价值产出（工业增加值）与环境投入（工业废水、工业废气、固体废弃物）的比值表示，通过施加 w_i 大于等于0的约束条件，将工业生态效率值控制在［0，1］区间内。如果工业生态效率等于1，则说明决策单元的生态效率相对最好，实现了最佳技术效率。式中目标函数和约束条件属于非线性规划，将其进行线性化处理并转化为相应的对偶模型：

$$
\begin{aligned}
& \min \theta \\
& s.t. \sum_{j=1}^{n} \lambda_j p_{ij} \leqslant \theta p_{ik} \\
& \sum_{j=1}^{n} \lambda_j y_j \geqslant y_k \\
& \lambda_j \geqslant 0 \\
& i=1, 2, \cdots, m; j=1, 2, \cdots, n
\end{aligned} \tag{4-6}
$$

上式中，λ 表示决策单元的线性组合系数，模型的最优解为 θ^*，$1-\theta^*$ 表示在不降低产出水平的情况下，环境投入能缩减的最大程度，θ^* 的取值范围为（0，1］。θ^* 取值越大，表示生态效率DEA越有效。θ^* 等于1表示被评价DMU位于效率前沿面上，即生态效率DEA有效；小于1则表示被评价DMU生态效率DEA无效。

4.3.2 研究样本与数据来源

关于研究样本的选择：工业生态效率的差异源于区域环境规制水平、环境治理经验以及经济结构的差异。因此，以省份区域作为研究对象，探寻环境规制影响工业生态效率的一般规律，将有助于为地方政府实施环境规制提供科学建议。本书选取了我国省份区域作为研究样本，其中，西藏在环境方面的缺失数据较多，而香港、澳门、台湾的数据也难以获取，所以最后的研究样本为30个省、自治区和直辖市，以下简称省份。

关于研究期限的选择：研究中排污费征收数量是衡量环境规制的重要指标，但因为统计口径的变化，2009年只有排污费征收额，2014年只有排污费解缴额，2016年则没有排污费征收统计，所以为了最大限度地获取统一口径的数据，将研究期限设定为2010—2015年，最终形成我国30个省份区域为期6年的面板数据，以此作为本书的研究样本。

测算工业生态效率时所需要的指标为工业废水排放量、工业废气排放量、固体废弃物产生量以及工业增加值，其数据来源于《中国统计年鉴》。本研究在2010年的基础上，采用GDP平减指数对工业增加值进行了平减，从而使数据更具有可比性，更能真实地反映工业经济的发展水平，避免价格波动的干扰。以上各个测算指标的描述性统计如表4-1所示。

表4-1 测算指标描述性统计

变量	最小值	最大值	标准差	平均值
工业废水排放量/万吨	1360	79121	15528	21540
工业废气排放量/亿立方米	5782	263760	59153	72463
固体废弃物产生量/万吨	212	45625	9131	10494
工业增加值/亿元	385	28738	6420	7819

4.4 工业生态效率测算结果分析

4.4.1 工业生态效率的整体水平分析

本书采用DEA方法，运用MaxDEA软件对2010—2015年我国30个省份的工业生态效率进行了测算，测算结果如表4-2所示。

表4-2 2010—2015年30个省份的工业生态效率

地区		2010年	2011年	2012年	2013年	2014年	2015年	年均
东北	辽宁	0.349	0.336	0.355	0.414	0.357	0.348	0.360
	吉林	0.508	0.460	0.533	0.604	0.668	0.597	0.562
	黑龙江	0.486	0.532	0.499	0.491	0.410	0.409	0.471

续表

地区		2010 年	2011 年	2012 年	2013 年	2014 年	2015 年	年均
东部	北京	0.916	0.901	0.992	0.932	1.000	1.000	0.957
	天津	0.629	0.708	0.825	0.931	0.973	1.000	0.844
	河北	0.227	0.250	0.260	0.310	0.325	0.375	0.291
	上海	0.582	0.597	0.655	0.715	0.754	0.749	0.675
	江苏	0.657	0.460	0.490	0.514	0.477	0.507	0.518
	浙江	0.658	0.611	0.641	0.704	0.275	0.710	0.600
	福建	0.503	0.514	0.577	0.584	0.564	0.631	0.562
	山东	0.458	0.431	0.510	0.523	0.496	0.474	0.482
	广东	0.947	0.792	0.972	0.980	0.982	1.000	0.945
	海南	0.367	0.277	0.256	0.252	0.186	0.216	0.259
西部	内蒙古	0.386	0.455	0.586	0.562	0.537	0.621	0.524
	广西	0.283	0.160	0.187	0.263	0.317	0.372	0.263
	重庆	0.360	0.506	0.584	0.546	0.544	0.550	0.515
	四川	0.393	0.411	0.479	0.583	0.587	0.678	0.522
	贵州	0.292	0.224	0.226	0.269	0.211	0.244	0.244
	云南	0.254	0.169	0.222	0.224	0.231	0.237	0.223
	陕西	0.360	0.368	0.447	0.527	0.538	0.502	0.457
	甘肃	0.286	0.245	0.271	0.277	0.287	0.258	0.271
	青海	0.185	0.233	0.248	0.285	0.285	0.265	0.250
	宁夏	0.080	0.104	0.130	0.148	0.159	0.150	0.128
	新疆	0.248	0.237	0.237	0.214	0.237	0.255	0.238
中部	山西	0.254	0.378	0.322	0.339	0.309	0.303	0.317
	安徽	0.323	0.249	0.297	0.315	0.337	0.331	0.309
	江西	0.464	0.325	0.382	0.399	0.424	0.402	0.399
	河南	0.559	0.350	0.440	0.436	0.412	0.460	0.443
	湖北	0.516	0.368	0.482	0.507	0.482	0.469	0.471
	湖南	0.457	0.473	0.556	0.557	0.639	0.692	0.562
全国平均		0.433	0.404	0.455	0.480	0.467	0.493	0.455

从表 4-2 可以得出，从动态变化趋势来看，大部分省份的工业生态效率都在逐渐改善。另外，工业生态效率存在较大的差异性，其中排名靠前的主要有广东、北京、上海、天津等省份，排名靠后的大部分为西部省份。为了把握工业生态效率的整体水平，本研究计算了每年工业生态效率的均值以及在研究期间各个省份的年均值，计算结果分别位于表 4-2 的最低行和最右列。从每年工业生态效率的均值来看，工业生态效率呈现逐年上升的发展趋势，2010 年 30 个省份工业生态效率的平均值为 0.433，而到了 2015 年工业生态效率的平均值达到 0.493，这说明我国的工业生态效率整体上正在逐渐改善。从各个省份 2010—2015 年的平均值来看，排名前五位的为北京、广东、天津、上海、浙江等东部省份，排名后五位的为青海、贵州、新疆、云南、宁夏等西部省份。

我国地域广阔，不同省份在环境治理技术、环境规制经验、工业结构、发展水平、技术水平、对外开放程度等方面都存在较大差别。因此，工业生态效率也不可避免地存在较大的地区差异。其中，广东、北京、上海等东部地区的省份对外开放程度较高，生产技术相对先进，而且具有相对更为合理的工业结构，资源的利用效率也更高。此外，由于东部沿海地区对外开放相对较早，经济基础优于西部地区，工业经济发展水平较高，可以采取更先进的环境治理技术和实施更严格的环境规制政策，以达到改善工业生态效率的目标。所以，就整体情况来看，具有较高工业生态效率的省份大多位于经济发达的沿海地区，而工业生态效率较低的省份则大多位于经济发展水平比较落后的中西部地区。

4.4.2 工业生态效率的聚类分析

接下来，采用聚类分析方法进一步分析。K-means 聚类分析方法是应用广泛、具有代表性的一类分析方法。其基本原理是：将聚类子集内的所有样本均值作为该类的样本代表点，通过不断迭代将样本划分为不同的研究类别，从而达到类内紧凑和类间独立的目的。K-means 聚类分析方法利用函数求极值的方法得到迭代过程的调整规则，算法将误差平方和函数作为聚类的全局目标函数，具体公式如下：

$$J=\sum_{n=1}^{N}\sum_{k=1}^{K}\Gamma_{nk}\parallel x_n-\mu_k\parallel^2 \tag{4-7}$$

上式中，Γ_{nk} 表示在对象 n 被划分到第 k 类中时取值为 1，否则取值为 0。K-means 聚类通过重复的迭代运算使目标函数达到收敛的最小值，最终得到聚类分析结果。

K-means 聚类分析的基本步骤如下。

（1）从聚类对象中随机选取 k 个对象，作为初始聚类中心。

（2）计算其余对象与 k 个初始聚类中心的相异度，将其划分到与其相异程度最低的类别。

（3）依据聚类结果，重新计算每一类别中对象属性值的算术平均值，作为新的聚类中心。

（4）重复步骤（2）和（3），直到算法收敛。

（5）聚类结束，输出聚类结果。

2010—2015 年工业生态效率的聚类结果如图 4-1 至图 4-6 所示。

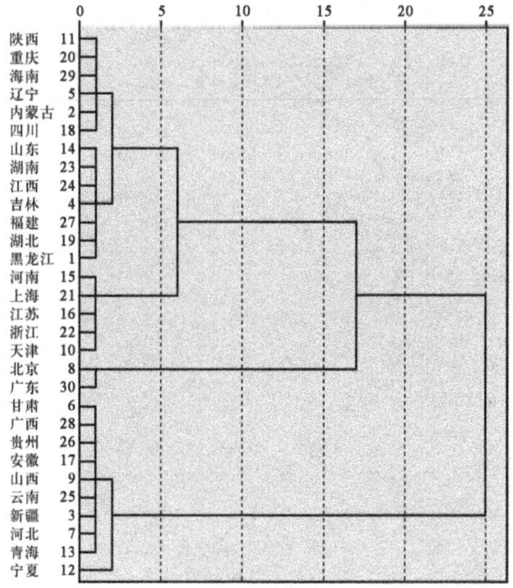

图 4-1　2010 年工业生态效率聚类结果

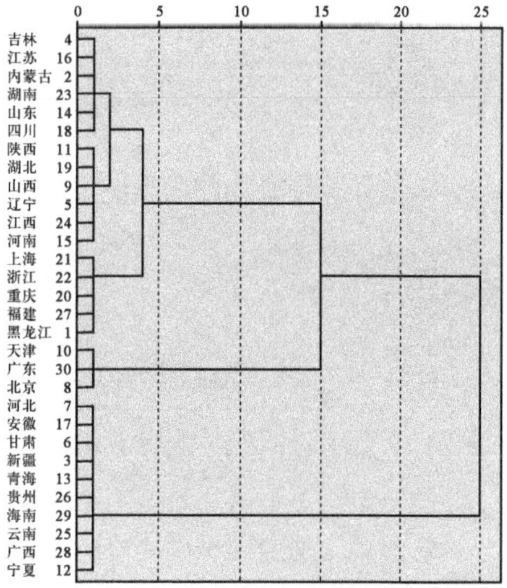

图 4-2　2011 年工业生态效率聚类结果

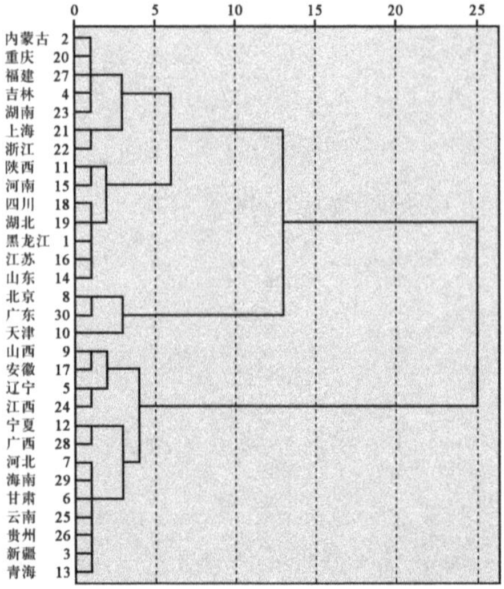

图 4-3　2012 年工业生态效率聚类结果

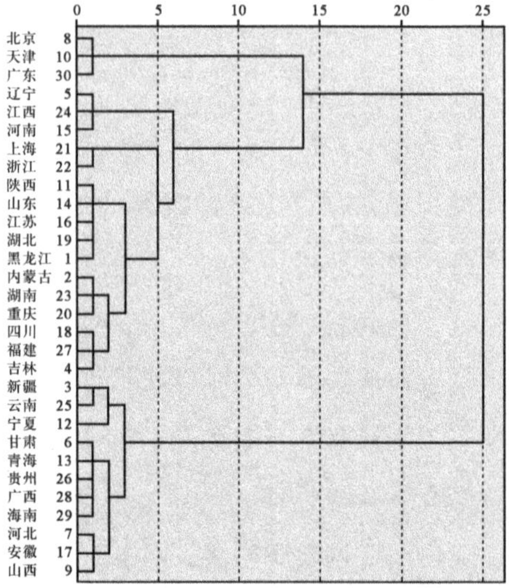

图 4-4　2013 年工业生态效率聚类结果

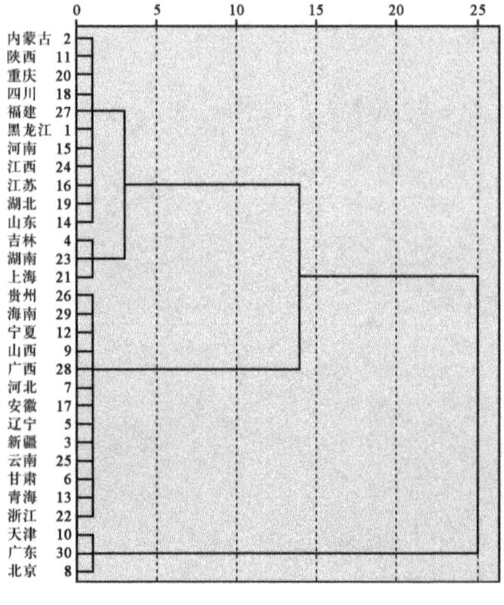

图 4-5　2014 年工业生态效率聚类结果

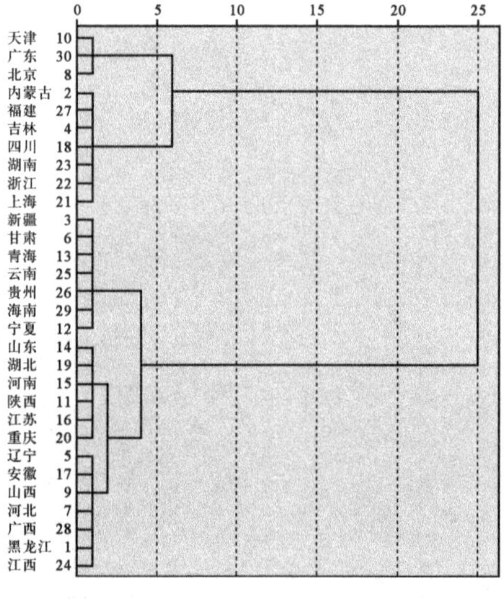

图 4-6　2015 年工业生态效率聚类结果

表 4-3 给出了 30 个省份的聚类结果，可以看出我国工业生态效率表现出较为明显的聚类偏态性，即属于第一（低）和第二（较低）类的省份较多，这反映出我国工业生态效率整体水平较为低下的发展现状。而且这两类

中大部分省份位于西部地区，而在第三（较高）和第四（高）类中，省份数量相对较少，而且大多位于东部沿海地区。河南、四川、重庆以及内蒙古等部分中西部省份在第二（较低）和第三（较高）类中转换，反映出这些省份可能正处于维持工业经济发展与保护生态环境的两难境地。一方面，它们是工业经济发展前景较好的区域，在承接东部产业转移、引领中西部地区发展方面具有重要作用；另一方面，工业经济的迅速崛起也意味着难以避免的环境污染问题，因此，提升它们的工业生态效率对实现工业经济的绿色可持续发展具有重要战略意义。

表 4-3　工业生态效率聚类结果

年份	第一类（低）	第二类（较低）	第三类（较高）	第四类（高）
2010	甘肃、广西、贵州、安徽、山西、云南、新疆、河北、青海、宁夏	陕西、重庆、海南、辽宁、内蒙古、四川、山东、湖南、江西、吉林、福建、湖北、黑龙江	河南、上海、江苏、浙江、天津	北京、广东
2011	河北、安徽、甘肃、新疆、青海、贵州、海南、云南、广西、宁夏	吉林、江苏、内蒙古、湖南、山东、四川、陕西、湖北、山西、辽宁、江西、河南	上海、浙江、重庆、福建、黑龙江	天津、广东、北京
2012	山西、安徽、辽宁、江西、河北、海南、青海、甘肃、云南、贵州、新疆、广西、宁夏	陕西、河南、四川、湖北、黑龙江、江苏、山东	内蒙古、重庆、福建、吉林、湖南、上海、浙江	北京、广东、天津
2013	新疆、云南、宁夏、甘肃、青海、贵州、广西、海南、河北、安徽、山西	辽宁、江西、河南	上海、浙江、陕西、山东、江苏、湖北、黑龙江、内蒙古、湖南、重庆、四川、福建、吉林	北京、天津、广东

续表

年份	第一类（低）	第二类（较低）	第三类（较高）	第四类（高）
2014	贵州、海南、宁夏、山西、广西、河北、安徽、辽宁、新疆、云南、甘肃、青海、浙江	内蒙古、陕西、重庆、四川、福建、黑龙江、河南、江西、江苏、湖北、山东	吉林、湖南、上海	天津、北京、广东
2015	新疆、甘肃、青海、云南、贵州、海南、宁夏	山东、湖北、河南、陕西、江苏、重庆、辽宁、安徽、山西、河北、广西、黑龙江、江西	内蒙古、福建、吉林、四川、湖南、浙江、上海	天津、广东、北京

4.4.3 工业生态效率的空间分布分析

为了能够对工业生态效率在空间上的分布情况进行更加直观的分析，本研究还引进了空间四分位图的分析方法，以直接、清晰地展示工业生态效率的空间分布是如何随着时间的推移而变化的。本书通过空间计量软件 GeoDa 绘制出了研究期间工业生态效率的空间四分位图（图略）。

根据空间四分位图，2010 年工业生态效率最高一级的省份主要包括北京、天津、河南、江苏、上海、浙江、广东，其中河南属于中部地区，其余全部属于东部地区；第二级有东北地区的黑龙江与吉林，东部地区的山东、福建，中部地区的湖北、江西、湖南，西部地区的四川；第三级有内蒙古、辽宁、陕西、甘肃、安徽、重庆、贵州、海南，除辽宁、安徽、海南外全部属于西部地区；最低一级有新疆、河北、宁夏、山西、青海、云南、广西，除河北、山西之外全部属于西部地区。

到 2015 年，第一级有北京、天津、上海、浙江、四川、湖南、广东，除四川、湖南外全部属于东部地区；第二级有吉林、内蒙古、山东、陕西、江苏、重庆、湖北、福建，其中吉林属于东北地区，内蒙古、陕西、重庆属于西部地区，山东、江苏、福建属于东部地区，湖北属于中部地区；第三级有黑龙江、河北、辽宁、山西、河南、安徽、江西、广西，其中黑龙江、辽宁属于东北地区，河北属于东部地区，山西、河南、安徽、江西属于中部地位，广西属于西部地区；第四级有新疆、宁夏、青海、甘肃、贵州、云南、海南，除海南外全部属于西部地区。

根据空间四分位图可知，工业生态效率随着时间的推移而发展变化，在空间上的分布情况也有一定的变动。但是，就整体情况而言，2010—2015年工业生态效率较高的省份大多属于东部地区，中部地区也大都相对较高，地处西部地区的四川、重庆、陕西、内蒙古等省份近年来工业生态效率有了明显上升，如在2014年和2015年四川的工业生态效率已跨至最高等级，重庆、内蒙古和陕西三个省份位列第二等级，但从整体上来看工业生态效率较低的省份主要还是集中在西部地区。因此，本研究认为我国工业生态效率呈现出自西向东逐步提高的空间发展趋势，这与各个省份所处的地理位置不同具有很大关系。

4.4.4 工业生态效率的区域差异分析

通过上述分析，我们发现省份之间的工业生态效率存在很大的差异性。接下来继续采用变异系数法对30个省份工业生态效率的差异水平进行度量。在统计学中，可以通过绝对差异与相对差异两种方式对研究对象的差距进行分析。其中，绝对差异用绝对指标来衡量指标之间的差异性，常用标准差对指标的非均衡性进行度量，适用于各指标具有相同的计量单位或者具有相同的平均值的情况。在实践运用中，要求各指标具有相同的计量单位或者平均值显然是不太现实的，此时就需要通过相对差异系数进行比较（潘兴侠，2014）。变异系数是相对差异分析中较为常用的工具之一，用研究数据的标准差与平均值之间的比值表示，比值的大小反映了研究数据的离散程度。变异系数的计算公式为：

$$V=\frac{S}{\frac{1}{n}\sum_{i=1}^{n}I_i} \tag{4-8}$$

其中，V 表示变异系数，用以衡量工业生态效率在不同区域之间的相对差异；S 为标准差，度量了工业生态效率的绝对差异；n 为研究的样本个数；I_i 为第 i 个省份的工业生态效率值；$\frac{1}{n}\sum_{i=1}^{n} I_i$ 表示工业生态效率的平均值。变异系数值越大，表明工业生态效率的区域差异越大。

2010—2015 年工业生态效率的变异系数计算结果如表 4-4 所示。因为变异系数的大小同时受平均值和标准差两个统计量的影响，所以在利用变异系数表示工业生态效率的变异程度时，平均值和标准差也一并列出。从工业生态效率的历年变异系数值可以发现，历年的变异系数较为稳定，而且研究期间变异系数值一直在 0.44 以上，说明省份之间工业生态效率的差异较为明显。

表 4-4　2010—2015 年工业生态效率变异系数

	2010 年	2011 年	2012 年	2013 年	2014 年	2015 年
平均值	0.433	0.404	0.455	0.480	0.467	0.493
标准差	0.194	0.185	0.215	0.215	0.228	0.233
变异系数	0.448	0.457	0.472	0.447	0.487	0.471

为了更好地比较工业生态效率的地区差异，本研究沿用了《中国统计年鉴》的划分标准，将研究区域划分为东部、中部、西部和东北四大地区，计算出各个地区的工业生态效率均值，分析工业生态效率的地区差异及变化趋势。图 4-7 显示了 2010—2015 年工业生态效率地区均值的变化趋势。

从工业生态效率的地区差异性来看，东部地区工业生态效率历年的平均值为 0.613，高于全国工业生态效率历年的平均值 0.455；东北地区工业生态效率历年的平均值为 0.464，高于全国工业生态效率历年的平均值；西部和中部地区工业生态效率历年的平均值则明显低于全国工业生态效率历年的平均值，分别为 0.331 和 0.417。由此可见，工业生态效率具有显著的地区

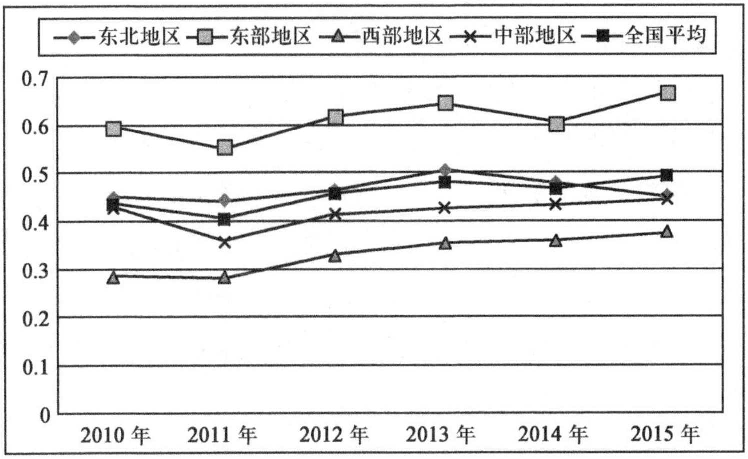

图4-7 2010—2015年中国区域工业生态效率变化趋势

差异性。

从工业生态效率动态发展趋势的视角来看，全国平均水平逐步上升，2010年工业生态效率均值为0.433，2015年工业生态效率均值为0.493。东部、中部和西部地区的工业生态效率都呈现出逐渐上升的变化趋势，分别由2010年的0.594、0.429、0.284增加到2015年的0.666、0.443、0.376。而东北地区三个省份的工业生态效率均值则呈现先上升后下降的发展趋势，2010年工业生态效率均值为0.447，2013年增至0.503，2015年降至0.451。在研究期间，东部地区工业生态效率一直领先于全国平均值，中部和西部地区工业生态效率次于全国平均值，而东北地区在2015年以前高于全国平均值，2015年有所下降，可见工业生态效率的地区差异变化较为稳定。

工业生态效率地区差异较为明显的原因主要在于：东部地区具有先天的地理位置优势，在改革开放的进程中，较早地接触到了国外的先进技术与管理经验，不仅具有领先的生产与技术设备，而且工业经济结构也相对更为合理。因此，东部地区不仅具有较高的工业经济发展水平，还拥有较高的生产技术水平与资源利用效率，工业生态效率的整体水平也更高。而中西部地区地处内陆，经济起步相对较晚，工业布局及工业规划的科学性都不及东部地区，主要还是靠资源消耗来推动经济发展，生产技术水平和资源利用率均远低于东部地区，因此工业生态效率整体水平偏低。

综上所述，工业生态效率存在着较大的省份差异与地区差异，这与省份及地区之间的经济发展水平、产业结构以及对外开放程度不同具有很大关系。从发展态势来看，东北、东部、中部、西部地区的工业生态效率具有一定的梯度，整体上的差异相对较为稳定，工业生态效率自西向东逐渐提高。从动态的视角来看，全国以及各个区域的工业生态效率均呈现出稳步增长的趋势。

4.5 本章小结

本章主要对我国的工业生态效率进行了测算和分析。首先，对已有的生态效率测算方法进行比较，在综合衡量各种测算方法的优劣之后，确定了采用数据包络分析法测算工业生态效率的思路。然后，遵循真实性、目标性、简洁性、数据可获得性以及独立性的原则，选择了工业废水排放量、工业废气排放量以及固体废弃物产生量作为衡量工业经济发展给环境造成的负面影响的指标，采用工业增加值作为衡量工业经济价值的指标。接下来，依据数据包络分析法的原理构建工业生态效率的测算模型，以我国 30 个省份作为研究样本进行测算。最后，就工业生态效率的测算结果进行分析。结果显示，我国工业生态效率总体上趋于改善，大部分省份的工业生态效率都在逐步上升，但工业生态效率的整体水平仍然偏低，这说明进一步强化环境规制有着必要性与迫切性。通过变异系数分析发现，省份之间的工业生态效率存在较大差异。进一步通过聚类分析和空间四分位图发现，排位靠前的省份大多属于东部沿海地区，而排位靠后的省份大多位于西部地区。此外，还从地区角度比较了工业生态效率的差异。整体而言，我国工业生态效率呈现出自西向东逐步提高的空间发展趋势。

5 环境规制对工业生态效率影响的实证分析：基于中介效应的检验

虽然从理论角度来讲，环境规制可能通过传导变量（计量经济学中也称为中介变量[①]）对工业生态效率产生影响，进而形成环境规制影响工业生态效率的传导路径。但是，这些传导路径是否成立，即传导变量有没有发挥中介效应，尚需进一步的实证研究才能证明。

5.1 研究问题、指标选取与数据来源

5.1.1 问题提出

根据第 3 章的理论分析，我们发现环境规制可能通过不同的传导变量对工业生态效率产生影响，具体表现在以下方面。

第一，环境规制可能促进外商直接投资，也可能对其产生抑制作用。外商直接投资又通过带来先进的管理经验和绿色技术溢出效应，对工业生态效率产生影响。所以，环境规制可能通过外商直接投资对工业生态效率产生影响，从而形成环境规制影响工业生态效率的传导路径。

---

① 在计量经济学中，传导变量也称为中介变量，甚至中介变量的叫法更为普遍。

第二，环境规制对技术创新存在影响，而技术创新又会对工业生态效率产生影响。如果环境规制能够促使企业加大技术研发投入力度，促使其进行技术创新，而且技术创新所带来的收益大于环境规制引发的成本，则工业生态效率极有可能随之提升；如果环境规制挤占了企业的研发资金，企业因资金受限而削减了研发投入或者没有进行技术创新，则环境规制可能不利于工业生态效率的提升。所以，环境规制可能通过技术创新对工业生态效率产生影响，从而形成环境规制影响工业生态效率的传导路径。

第三，环境规制通过淘汰高能耗与高污染产业、提高企业进入壁垒以及改变社会消费与投资需求结构等方式，驱动工业结构发生改变。工业结构的变化与工业生态效率具有直接联系。所以，环境规制可能通过工业结构这条传导路径影响到工业生态效率。

第四，环境规制是影响对外贸易比较优势的重要因素，增加了对外贸易企业的生产成本，但又通过刺激创新提升了对外贸易的竞争力。环境规制能够拉动环保产业的发展，促进对外贸易结构朝着绿色环保的方向转型升级。而对外贸易产品的绿色技术含量、对外贸易的产品结构以及对外贸易中资本的流动都与工业生态效率具有紧密联系。所以，环境规制可能通过对外贸易这条传导路径作用于工业生态效率。

基于此，本章将主要围绕环境规制是否能通过外商直接投资、技术创新、工业结构以及对外贸易四条传导路径对工业生态效率产生影响的问题进行实证研究。

5.1.2 指标选取

在构建中介效应模型进行实证研究时，主要采用了以下指标。

（1）被解释变量：工业生态效率（eco_effi）。本书将工业废水排放量、工业废气排放量、固体废弃物产生量作为衡量工业经济发展对环境产生的负面影响的指标，将工业增加值作为衡量工业活动产生的正向经济价值的指标，省域工业生态效率（具体的测算过程见本书第 4 章）用 eco_effi 表示。

（2）核心解释变量：环境规制强度（er）。衡量环境规制强度时，较为常用的指标有环境污染治理投资、污染物去除率或达标率、环境执法监督频数、排污费征收数量等（程都和李钢，2017）。本书主要从规制政策的角度对环境规制的有效性进行评价。由于改革开放之初我国就制定了排污费征收政策，对市场经济主体的排污行为进行约束，因此采用排污费征收数量作为衡量环境规制强度的重要指标。考虑到排污费主要是通过市场调节机制发挥规制作用，因此还加入了环境行政处罚案件数量，以及公众就环境问题上访的批次两个指标，分别用以衡量环境规制的行政政策和公众参与环境规制政策的执行力度。

由于各个指标的相对重要性不同，需要通过加权平均形成环境规制的综合指数。赋权方法主要有主观赋权法与客观赋权法。其中，主观赋权法具有灵活、充分听取专家意见的优点，但是不能充分反映系统的客观信息，特别是在系统差异较大时。我国不同区域的工业生态效率差异较大，利用熵权法（客观赋权法）能有效反映指标的相对变异性，进而体现出不同指标的重要性程度，所得权重更具有分辨意义。因此，本书采用熵权法将排污费征收数量、环境行政处罚案件数量以及公众就环境问题上访的批次三个指标进行加权平均（张博和韩复龄，2017），计算得出环境规制的综合指数，作为环境规制强度的替代指标。具体计算步骤如下。

第一步，熵权法用信息熵对系统的无序程度进行度量。设有 n 个指标，m 个研究对象 a_i（$1 \leqslant i \leqslant m$），评价矩阵为 $Z=(z_{ij})_{m \times n}$，评价矩阵的元素表示研究对象相应指标的属性值，对于指标 j，计算出其信息熵为：

$$H_j = -k\left(\sum_{i=1}^{m} f_{ij} \ln f_{ij}\right) \quad (i=1, 2, \cdots, m; j=1, 2, \cdots, n) \tag{5-1}$$

其中，$f_{ij}=x_{ij} / \sum_{i=1}^{m} x_{ij}$，$k=1/\ln m$（若 $f_{ij}=0$，记 $f_{ij}\ln f_{ij}=0$）。信息熵与提供的信息量成反比。环境规制指标的信息熵越小，说明相对

变异性越大，越有可能对工业生态效率产生相对更为重要的影响，所以应该具有较大的权重；反之，则相对变异性越小，对工业生态效率的影响也相对较小。因此，本书利用各个环境规制指标的信息熵对其进行赋权，然后加权平均形成地区的环境规制指数。

第二步，计算各个环境规制指标的变异程度 G_j：

$$G_j = 1 - H_j \quad (j = 1, 2, \cdots, n) \tag{5-2}$$

第三步，计算各个环境规制指标的相对权重：

$$w_j = \frac{1 - G_j}{\left(n - \sum_{j=1}^{n} G_j\right)} \tag{5-3}$$

第四步，加权平均得到环境规制的综合指数，计算结果见本书附表1。

$$E_j = \sum (w_j \times f_{ij}) \tag{5-4}$$

(3) 中介变量：根据研究假设，环境规制影响工业生态效率可能存在四条不同的传导路径。因此，本研究针对每一条传导路径设置一个中介变量，共包括四个中介变量，分别为外商直接投资（*fdi*）、技术创新（*tech*）、工业结构（*hpp*）、对外贸易（*tra*）。

① 外商直接投资（*fdi*）：随着对外开放程度的增强，区域招商引资的规模不断扩大，各省份的外商直接投资水平都有显著提升。环境规制会影响地区的外商直接投资，而外商直接投资又会对工业生态效率产生影响。因此，外商直接投资是环境规制影响工业生态效率的重要中介变量之一。由于不同地区的经济规模不一样，不能直接采用外商直接投资总额表示外商直接投资水平。本书参考了马大来等（2015）的方法，用外商直接投资总额占GDP的比重表示外商直接投资水平。

② 技术创新（*tech*）：环境规制可能会对技术创新产生影响，而技术创新在解决环境污染问题的同时，又对经济增长发挥着重要作用。因此，技术创新是环境规制影响工业生态效率的重要中介变量之一。研究与开发是经济主体取得新技术与开发新产品的重要途径，研究与开发情况能更好地解释环

境规制对技术创新的作用，较为客观地反映技术创新水平，因此本书用研究与开发经费支出与GDP的比值表示技术创新水平。

③ 工业结构（hpp）：环境规制对地区的工业结构产生影响，而工业结构的变化往往会对工业生态效率产生重要影响。因此，工业结构是环境规制影响工业生态效率的重要中介变量之一。重工业占比是较为常用的衡量工业内部结构的指标之一，但是基于数据的可得性，本书将八大高污染行业[①]销售产值占总工业增加值的比重作为衡量工业结构的指标。因为2012年以后《中国工业统计年鉴》没有报告具体的分行业的工业增加值，所以用工业销售产值占总工业增加值的比重表示。

④ 对外贸易（tra）：环境规制提高了对外贸易企业的成本，对对外贸易的比较优势、产品结构等产生影响，而对外贸易又与工业生态效率存在联系。因此，对外贸易是环境规制影响工业生态效率的重要中介变量之一。本书参考了吴力波和汤维祺（2010）的方法，用进出口总额占GDP的比重对对外贸易水平进行衡量。

（4）控制变量：工业经济发展水平（iva）。由于各省份的经济基础以及经济发展条件存在较大的差异，而且已有研究表明工业经济发展水平与工业生态效率具有重要关系，同时，工业经济发展水平对外商直接投资、技术创新、工业结构以及对外贸易都具有重要影响，因此，将工业经济发展水平作为中介效应检验模型之中的控制变量是较为合理的。本书采用人均工业增加值作为衡量工业经济发展水平的指标。

5.1.3 数据来源

工业生态效率作为被解释变量，无法直接使用统计数据进行衡量，因而采用数据包络分析法综合测算得出（具体过程见第4章）。此外，本章实证研

① 八大高污染行业分别为：化学原料和化学制品制造业，非金属矿物制品业，黑色金属冶炼及压延加工业，电力、热力的生产与供应业，石油加工、炼焦和核燃料加工业，煤炭开采和洗选业，有色金属冶炼及压延加工业和造纸及纸制品业。

究主要涉及环境规制强度、外商直接投资、技术创新、工业结构、对外贸易以及工业经济发展水平等变量。其中，衡量环境规制强度的指标有排污费征收数量、环境行政处罚案件数量和公众就环境问题上访的批次，其数据来源于《中国环境年鉴》；外商直接投资、对外贸易和工业经济发展水平的数据来源于《中国统计年鉴》；技术创新的数据来源于《中国科技统计年鉴》；工业结构的数据来源于《中国工业统计年鉴》。因为排污费总额的统计口径发生变化，2009 年只有排污费征收额，2014 年只有排污费解缴额，2016 年则没有排污费征收统计，所以，本书只能采用 2010—2015 年的数据，相应地采用 2011—2016 年的相关年鉴①。在样本的选择上，由于西藏的统计数据缺失较多，香港、澳门、台湾的数据难以获取，因此本章主要基于 30 个省份的数据进行分析。以上各指标的描述性统计如表 5 - 1 所示。

表 5 - 1　指标描述性统计

变量	均值	中位数	最大值	最小值	标准差
eco_effi	0.4555	0.4336	1.0000	0.0795	0.2147
fdi	0.2989	0.1700	1.6394	0.0482	0.2855
tech	0.0152	0.0119	0.0608	0.0034	0.0109
hpp	0.5887	0.5340	1.1614	0.2428	0.1951
tra	0.2832	0.1375	1.4574	0.0152	0.3135
er	0.1833	0.1355	0.8375	0.0281	0.1499
iva	4.1750	4.1664	4.6544	3.6395	0.2185

5.2　路径检验模型设定与检验

5.2.1　路径检验模型设定

传导变量作为解释变量与被解释变量的中介，也称为中介变量，反映了

① 年鉴数据通常滞后一年，如 2011 年年鉴中为 2010 年的数据。

解释变量和被解释变量之间的内部传导机制，传导变量的作用被称为中介效应（Baron 和 Kenny，1986）。根据中介效应的发生机制，可以将验证中介变量的计量模型抽象成以下数学表达式的形式：

$$y=\alpha_0+\alpha_1 x+\alpha_2 control+\varepsilon_1 \tag{5-5}$$

$$m=\beta_0+\beta_1 x+\beta_2 control+\varepsilon_2 \tag{5-6}$$

$$y=\delta_0+\delta_1 x+\delta_2 m+\delta_3 control+\varepsilon_3 \tag{5-7}$$

公式（5-5）表示核心解释变量对被解释变量的直接估计模型；公式（5-6）表示核心解释变量对中介变量的估计模型；公式（5-7）表示纳入中介变量以后的估计模型。上述公式中，y 为被解释变量，x 为解释变量，m 为中介变量。α_0、β_0、δ_0 表示常数项。α_1 为没有纳入中介变量时核心解释变量的估计系数；β_1 表示核心解释变量对中介变量 m 的估计系数；δ_1 为纳入中介变量以后，核心解释变量对被解释变量的估计系数；δ_2 表示中介变量对被解释变量的估计系数。$control$ 表示控制变量。ε_1、ε_2、ε_3 为误差项。

α_1 表示核心解释变量对被解释变量的总效应，δ_1 表示直接效应，$\beta_1\times\delta_2$ 表示中介变量的间接效应，即中介效应。需要注意的是，中介效应与间接效应在概念上存在差别，中介效应属于间接效应。当只存在一个中介变量时，中介效应与间接效应相等，核心解释变量对被解释变量的总效应等于直接效应加上中介效应，即 $\alpha_1=\delta_1+\beta_1\times\delta_2$。但实践中，往往存在具有多个中介变量的情况，此时需要明确中介效应是哪一个中介变量的中介效应，而间接效应既可以指通过某一特定路径产生的中介效应，也可以指所有中介效应的和。

根据温忠麟等（2004）的研究，上述模型对于单个中介变量与多个中介变量的检验都具有较强的适用性。在中介效应模型中，通过逐一的路径检验可以将自变量与因变量之间的关系清晰地展示出来，有利于探寻两者的作用机理，以及发现自变量对因变量的关键作用路径并提出优化建议。因此，中介效应检验模型在心理学、管理学以及经济学研究领域中得到了广泛的应用（潘彬和金雯雯，2017；蔡海亚和徐盈之，2017）。

为研究环境规制影响工业生态效率的传导路径是否成立，本书拟采用中介效应法进行验证。根据温忠麟和叶宝娟（2014）提出的中介效应检验“三步法”，在以下三个前提条件均满足后，才能确定中介效应是否存在：第一，在模型中没有纳入中介变量的情况下，核心解释变量对被解释变量具有显著影响；第二，核心解释变量对中介变量具有显著影响；第三，在依次纳入中介变量以后，中介变量对被解释变量具有显著影响，核心解释变量对被解释变量的影响程度降低或者显著性程度弱化。

本研究采用的是我国30个省份从2010年到2015年的面板数据，基于不可观测的个体效应的角度，需要考虑应该构建固定效应模型还是随机效应模型。在固定效应模型中，个体效应与回归变量存在相关关系，而随机效应模型中，个体效应被视为随机变量，与回归变量不相关。如果仅以研究样本自身为条件进行推断，即样本几乎为全部总体，则适宜采用固定效应模型；如果研究样本是从一个很大的总体中抽样而来，需要根据研究样本的结论对总体效应进行推断，则建立随机效应模型更为合适（Hsiao，2003；Wooldridge，2010）。本书不存在随机抽样问题，因此固定效应模型更为合适。

首先，通过构建模型（1）对中介效应成立的第一个条件进行验证，即在不考虑中介变量的情况下，验证环境规制对工业生态效率的影响。具体模型如下所示：

$$eco\_effi_{it}=\alpha_0+\alpha_i+\alpha_1 er_{it}+\alpha_2 iva_{it}+\varepsilon_{it} \tag{5-8}$$

上式中，i 表示研究的省份（$i=1, 2, 3, \cdots, 30$），t 表示时间（2010—2015年），eco_effi 表示省份的工业生态效率，er 表示环境规制强度，iva 表示工业经济发展水平。如果回归系数 α_1 显著，则表示第一个前提条件成立，可继续进行下一步的检验，否则停止。

其次，构建模型（2），用以验证中介效应成立的第二个条件。具体模型如下所示：

$$med_{it}=\beta_0+\beta_i+\beta_1 er_{it}+\beta_2 iva_{it}+\varepsilon_{it} \tag{5-9}$$

上式中，med 表示中介变量，本研究将依次考虑外商直接投资（fdi）、技术创新（*tech*）、工业结构（*hpp*）、对外贸易（*tra*）四个中介变量。如果模型（2）中的回归系数 β_1 显著，则满足中介效应成立的第二个条件。

最后，如果中介效应成立的前两个条件均满足，再通过构建模型（3）对第三个条件进行检验。具体模型如下所示：

$$eco\_effi_{it}=\delta_0+\delta_i+\delta_1 er_{it}+\delta_2 med_{it}+\delta_3 iva_{it}+\varepsilon_{it} \qquad (5-10)$$

上式中，*med* 表示依次纳入的各个中介变量，如果环境规制强度（*er*）的回归系数的显著性下降或者由显著变为不显著，但是中介变量（*med*）的回归系数通过显著性检验，则中介效应成立的第三个条件也满足。

5.2.2　数据平稳性与模型检验

1. 平稳性检验

本书的研究样本为30个省份环境规制与工业生态效率的面板数据，如果面板数据不平稳，有可能存在伪回归问题。因此，需要对面板数据是否平稳进行检验。本研究采用了LLC检验方法验证模型指标的平稳性，结果如表5-2所示。从表中可以看出，回归模型中各个样本的检验统计量均通过了显著性检验，表明各个样本变量不存在单位根，即所有变量为平稳序列。因此，所选指标可以纳入面板回归模型之中。

表5-2　平稳性检验结果

变量	statistic	prob.	检验结果
eco_effi	−28.0252	0.0000	平稳
fdi	−8.7821	0.0000	平稳
tech	−12.1677	0.0000	平稳
hpp	−5.4327	0.0000	平稳
tra	−10.1653	0.0000	平稳
er	−8.5688	0.0000	平稳
iva	−4.0560	0.0000	平稳

2. 个体固定效应检验

在处理面板数据时，需要考虑使用固定效应模型还是混合效应模型。混合效应模型采用一种较为极端的方式处理面板数据，即所有个体具有相同的截距项，这无异于将面板数据视为截面数据进行处理。对于是否应该采用固定效应模型，可以通过构造 F 统计量进行判断。F 检验原假设：$\mu_i=\mu$，面板模型中截距项不随个体而发生改变；备择假设：$\mu_i \neq \mu$，面板模型中截距项因个体而异。如果 F 统计量不显著，则接受原假设，表示应该选用混合效应模型；如果 F 统计量显著，则拒绝原假设，说明固定效应模型更为合适。本研究针对上述构建的中介效应检验模型进行了 F 检验，检验结果如表 5－3 所示，检验结果显示固定效应模型为更优的选择。

表 5－3　固定效应 F 检验结果

模型	被解释变量	解释变量	F 统计量	检验结果
模型（1）	*eco_effi*	*er*、*iva*	52.1950 *** P=0.000	拒绝原假设
模型（2）	*fdi*	*er*、*iva*	151.8886 *** P=0.000	拒绝原假设
	tech		293.9850 *** P=0.000	拒绝原假设
	hpp		70.9489 *** P=0.000	拒绝原假设
	tra		223.2684 *** P=0.000	拒绝原假设

续表

模型	被解释变量	解释变量	F统计量	检验结果
模型（3）	*eco_effi*	*fdi*、*er*、*iva*	37.2765 *** P=0.000	拒绝原假设
		tech、*er*、*iva*	22.5147 *** P=0.000	拒绝原假设
		hpp、*er*、*iva*	44.0429 *** P=0.000	拒绝原假设
		tra、*er*、*iva*	31.6104 *** P=0.000	拒绝原假设

注：***、**、*分别表示在1%、5%、10%的水平上显著。

5.3 路径检验模型的估计结果与分析

5.3.1 环境规制对工业生态效率总效应的实证检验

本书的研究样本为30个省份的面板数据，由于外部共同冲击或者相互作用可能导致截面个体之间存在较强的相关性，而且可能存在异方差的问题，因此，为了避免截面相关和异方差对回归结果所造成的偏误影响，本书采用了广义最小二乘法（GLS）对上述中介效应模型进行参数估计。在没有纳入中介变量时，环境规制对工业生态效率总效应的回归结果如表5-4所示。

表5-4 环境规制对工业生态效率总效应的回归结果

变量	回归系数	t值	p值
常数项	−2.2102 ***	−11.9393	0.0000
iva	0.6353 ***	14.2787	0.0000
er	0.0712 ***	3.4335	0.0008
R^2	0.9787	N	180

注：***、**、*分别表示在1%、5%、10%的水平上显著。

环境规制对工业生态效率的回归系数为 0.0712，t 检验的统计值为 3.4335，p 值为 0.0008，通过了显著性检验。回归结果显示，环境规制对工业生态效率表现出了非常显著的影响效应，环境规制的增加有利于工业生态效率的改善。但是，工业生态效率是否会随着环境规制的加强而一直得到提升呢？环境规制与工业生态效率是否存在非线性关系呢？这一点尚需进一步检验（关于两者的非线性关系将在第 6 章进行验证）。但无论如何，就本书的研究而言，环境规制对工业生态效率具有明显的影响是肯定的。模型（1）的检验结果表明，环境规制强度（*er*）作为核心解释变量对被解释变量工业生态效率（*eco_effi*）具有显著影响，因此中介效应成立的第一个前提条件满足。此外，控制变量工业经济发展水平对工业生态效率表现出正向的促进作用，表明随着工业经济的发展，将有更多的资源用于改善生态环境，有利于工业生态效率的提升。

5.3.2 环境规制对中介变量影响的实证检验

在模型（2）中依次纳入外商直接投资（*fdi*）、技术创新（*tech*）、工业结构（*hpp*）、对外贸易（*tra*）四个中介变量，分别检验环境规制对这四个中介变量的作用，检验结果如表 5－5 所示。

表 5－5 环境规制对中介变量影响的估计结果

变量	*fdi*	*tech*	*hpp*	*tra*
常数项	0.9837 ***	−0.0298 ***	0.5866 ***	0.6657 ***
	(13.9555)	(−9.0465)	(4.1555)	(9.8842)
iva	−0.1703 ***	0.0107 ***	0.0063	−0.0866 ***
	(−9.9991)	(13.3589)	(0.1853)	(−5.3432)
er	0.1426 ***	0.0029 ***	−0.1323 ***	−0.1146 ***
	(10.1631)	(5.3449)	(−6.7076)	(−6.6502)
R^2	0.9888	0.9964	0.9700	0.9799

注：() 中的数据为回归系数的 t 检验值；*** 、** 、* 分别表示在 1%、5%、10%的水平上显著。

具体分析如下。

第一，环境规制对外商直接投资的作用。环境规制对外商直接投资表现出正向促进效应，回归系数为 0.1426（t=10.1631），通过了显著性检验。检验结果表明，随着环境规制的增强，外商直接投资呈现增加的趋势。理论上环境规制与企业的生产成本存在正相关关系，环境规制增强会对外商直接投资企业的区位选择产生一定的影响。但随着环境规制力度的逐渐增强，外商直接投资企业因为具有先进的技术标准以及管理经验，更易获得比较优势，进而使外商直接投资增加。而且，受环境规制刺激形成的技术创新也是影响外商直接投资企业进行区位选择的重要因素。与此同时，政府在实施严格的环境规制政策的同时也可能采取税收优惠、补贴等政策，通过筛选效应吸引环境友好度更高的外商直接投资企业。此外，外商直接投资没有随着环境规制的增强而减少，还因为与西方发达国家相比，我国的环境规制标准仍然处于较低水平，虽然外商直接投资企业的边际效益递减，但是总收益依然是增加的。因此，外商直接投资还是以递减的速度增加，与环境规制呈现正相关关系。

第二，环境规制对技术创新的作用。环境规制与技术创新呈现正相关关系，回归系数为 0.0029（t=5.3449），通过了显著性检验。检验结果表明，环境规制对技术创新具有正向激励作用。这与“波特假设”是一致的，虽然环境规制会导致企业的生产成本增加，对企业的发展不利，但是能够刺激企业主动进行技术创新，通过技术创新的方式来减轻环境规制对企业的竞争优势以及发展所造成的不利影响，进而形成创新补偿效应。

第三，环境规制对工业结构的作用。环境规制对工业结构的回归系数为 −0.1323（t=−6.7076），通过了显著性检验。工业中高污染与高能耗产业过多、过剩是造成环境污染的重要因素，本研究采用了八大高污染行业销售产值占总工业增加值的比重衡量工业结构水平。实证结果表明，随着环境规制水平的提高，工业经济总产值中高污染行业所占比重呈现逐渐降低的发展趋势。环境规制通过促使高污染行业退出、提高企业进入壁垒、改变社会需求等方式，引导社会的投资和产品需求结构发生改变，使工业结构朝着绿色环保的方向发展。因此，环境规制的实施可以促进工业结构的绿色转型升级，对工业结构水平的提升起着积极作用。

第四，环境规制对对外贸易的作用。环境规制对对外贸易的回归系数为−0.1146（t=−6.6502），通过了显著性检验，意味着环境规制对对外贸易的发展具有抑制作用。检验结果表明，随着环境规制的增强，对外贸易呈现下降的趋势。随着我国环境规制政策与规制体系的日益完善，限制了对外贸易中高污染行业的发展，提高了对外贸易中的环保标准，增加了对外贸易企业的成本，对对外贸易企业的竞争优势带来了负面影响，所以对外贸易经济总额随着环境规制的增强而逐渐下降。

5.3.3 中介变量对工业生态效率影响的实证检验

下面通过模型（3）对中介效应成立的第三个条件进行检验。由于模型（2）成立是模型（3）成立的前提，因此，对于在模型（2）的回归结果中未通过显著性检验的中介变量，不再纳入模型（3）的检验之中。通过对模型（2）的检验可知，核心解释变量（*er*）对中介变量外商直接投资（*fdi*）、技术创新（*tech*）、工业结构（*hpp*）、对外贸易（*tra*）均具有显著的影响，因此均需要通过模型（3）进行下一步的检验，检验结果如表5-6所示。

表5-6 依次纳入中介变量后对工业生态效率影响的估计结果

变量	Ⅰ	Ⅱ	Ⅲ	Ⅳ
常数项	−2.4020*** (−10.9388)	−2.3111*** (−10.0284)	19.5963*** (12.3717)	−1.5075*** (−7.9001)
fdi	0.1317** (2.1906)			
tech		5.2548** (2.2775)		

续表

变量	Ⅰ	Ⅱ	Ⅲ	Ⅳ
hpp			−0.2018***	
			(−4.7632)	
tra				−0.1360*
				(−1.9097)
iva	0.6724***	0.6305***	0.8064***	1.0472***
	(13.0637)	(11.1603)	(17.3142)	(24.5988)
er	0.0596***	0.0592***	0.0300	0.0790
	(2.7143)	(2.7909)	(1.6438)	(1.1234)
R^2	0.9747	0.9749	0.9851	0.9813

注：() 中的数据为回归系数的 t 检验值；***、**、* 分别表示在 1%、5%、10%的水平上显著。

具体分析如下。

第一，在纳入中介变量外商直接投资（*fdi*）之后，外商直接投资对工业生态效率的回归系数为 0.1317（t=2.1906），通过了 5%的显著性检验，表明外商直接投资对工业生态效率存在显著的正向效应，即外商直接投资有利于工业生态效率的提升。环境规制对工业生态效率的回归系数为 0.0596（t=2.7143），而模型（1）中环境规制对工业生态效率的回归系数为 0.0712（t=3.4335），对比发现环境规制对工业生态效率的影响程度降低，因此，中介效应成立的第三个条件得到满足。

第二，在纳入中介变量技术创新（*tech*）以后，技术创新对工业生态效率的回归系数为 5.2548（t=2.2775），通过了 5%的显著性检验，表明技术创新对工业生态效率的影响显著为正，有效地促进了工业生态效率的改善。环境规制对工业生态效率的回归系数为 0.0592（t=2.7909），而模型（1）中环境规制对工业生态效率的回归系数为 0.0712（t=3.4335），对比可知环境规制对工业生态效率的影响程度下降，因此中介效应成立的第三个条件得到满足。

第三，在纳入中介变量工业结构（*hpp*）之后，工业结构对工业生态效率的回归系数为－0.2018（t＝－4.7632），通过了1％的显著性检验，表明工业结构与工业生态效率之间存在负向关系，随着高污染行业占比增加，工业生态效率呈现下降的趋势。环境规制对工业生态效率的回归系数为0.0300（t＝1.6438），没有通过显著性检验，对比模型（1）的结果发现环境规制对工业生态效率的影响由显著变为不显著，因此中介效应成立的第三个条件得到满足。

第四，在纳入中介变量对外贸易（*tra*）之后，对外贸易对工业生态效率的回归系数为－0.1360（t＝－1.9097），通过10％的显著性检验，表明对外贸易对工业生态效率具有负向影响，工业生态效率随着对外贸易的增加而下降。在模型（3）中环境规制对工业生态效率的回归系数为0.0790（t＝1.1234），没有通过显著性检验，对比模型（1）的结果发现环境规制对工业生态效率的影响由显著变为不显著，因此满足中介效应成立的第三个条件。

5.3.4 中介效应检验结果综合分析

根据上述三个模型的检验结果可知，对于本书提出的四个中介变量（外商直接投资、技术创新、工业结构与对外贸易），均满足中介效应成立的三个条件，说明存在中介效应，即环境规制通过外商直接投资、技术创新、工业结构以及对外贸易的传导路径对工业生态效率产生了影响。根据本章的实证研究，主要得出以下研究结论。

第一，外商直接投资通过了中介效应检验，表明外商直接投资是环境规制作用于工业生态效率的传导路径。环境规制并没有成为外商直接投资的阻力，与外商直接投资呈现正相关关系，而外商直接投资又有利于工业生态效率的提升。随着我国环境规制体系的日益完善，外商直接投资企业由于具有先进的技术水平以及管理经验，与本土企业相比更易获得竞争优势，因此外商直接投资企业随着环境规制的增强而增加，这也有利于外商直接投资结构朝着环境友好型方向转变。外商直接投资企业的逐渐增多虽然加剧了本土企业的市场竞争程度，但外商直接投资可以通过示范效应、竞争效应与关联效应等途径对本土企业的技术与管理产生积极的绿色溢出效应，有利于工业生态效率的提升。

第二，技术创新通过了中介效应检验，表明技术创新是环境规制作用于工业生态效率的传导路径。环境规制对技术创新具有促进作用，这证实了“创新补偿效应”，而技术创新能够有效提升工业生态效率。长期以来，我国科学技术水平与发展都远远落后于世界发达国家，落后的生产技术与生产工艺是工业生态效率较为低下的重要原因。因此，依靠技术进行产品创新、工艺创新是提高资源利用效率、降低污染物排放水平的重要途径。通过环境规制可以激励企业进行技术创新，进而达到提升工业生态效率的目的。

第三，工业结构通过了中介效应检验，表明工业结构是环境规制作用于工业生态效率的传导路径。环境规制能够促进工业结构转型升级，进而推动工业生态效率的改善。改革开放以后，我国工业经济飞速发展，但工业经济增长方式过于粗放，主要依靠能源与资源的大量消耗。工业中钢铁、有色、石化等高能耗产业占比较高，工业结构失衡，造成工业生态效率低下，导致经济发展与生态保护之间的矛盾日益突出。而环境规制通过设置企业退出与进入机制、改变消费与投资需求，促使工业结构转型升级。随着环境规制的加强，工业结构中污染型产业的比例逐渐减少，环境友好型产业的比例逐渐增多，将有利于工业生态效率的提升。

第四，对外贸易通过了中介效应检验，环境规制通过对外贸易对工业生态效率产生间接影响。对外贸易作为环境规制影响工业生态效率的传导路径，对生态环境的改善具有重要影响。环境规制对于解决对外贸易所带来的环境污染问题具有积极作用（刘钻石和张娟，2015）。在过去的对外贸易发展过程中，我国存在污染型产业占比过高的问题。环境规制的加强可能影响了对外贸易企业的相对竞争优势与贸易经济的发展，进而使得地方政府在实施环境规制时会有所顾虑。但需要注意的是，虽然从经济总量上看，环境规制的加强的确降低了对外贸易的经济产出，但是促使对外贸易结构朝着绿色环保的方向发展，朝着有利于工业生态效率改善的方向发展。因此，如何通过环境规制改善生态环境并尽量降低对经济发展所造成的影响是地方政府需要探讨的问题。

5.3.5 稳健性检验

上述中介效应检验模型中的核心解释变量为环境规制强度，在环境规制发挥作用的过程中，政府可能依据环境规制的实施效果进行动态调整，导致环境规制可能存在一定程度的内生性问题。具体表现为环境规制的实施会对经济增长、生态环境产生影响，而经济增长与生态环境状况可能又会刺激政府对环境规制进行调整，从而对环境规制产生反向影响。因此，本书将核心解释变量环境规制强度与控制变量工业经济发展水平进行滞后一期处理，以此作为代理变量对中介效应检验模型估计结果的稳健性进行检验（李锴和齐绍洲，2011；王斌和傅强，2018），检验结果如表 5－7 所示。

表 5－7 稳健性检验结果

模型（1）：环境规制对工业生态效率的总效应			
变量	回归系数	t 值	p 值
er_{t-1}	0.0868*	1.8189	0.0710
iva_{t-1}	0.5978***	25.2376	0.0000
常数项	－1.8782***	－19.4023	0.0000

模型（2）：环境规制对中介变量的影响				
变量	*fdi*	*tech*	*hpp*	*tra*
er_{t-1}	0.1229*** (4.5427)	0.0010** (2.2276)	－0.0643** (－2.3177)	－0.1557** (－2.3112)
iva_{t-1}	－0.0781*** (－3.7010)	0.0082*** (7.5204)	－2.0223 (－1.5805)	－0.8890*** (－4.8194)
常数项	0.8314*** (8.1481)	－0.0531*** (－8.2033)	3.5893 (0.9097)	－2.7245*** (－14.3640)

续表

模型（3）：依次纳入中介变量后对工业生态效率的影响				
变量	Ⅰ	Ⅱ	Ⅲ	Ⅳ
fdi	0.1203*** (2.7715)			
$tech$		11.4039*** (3.4922)		
hpp			−0.3028*** (−4.5957)	
tra				−0.1986*** (−3.2958)
er_{t-1}	0.0471* (1.7569)	0.0499* (1.7385)	0.0639 (1.6415)	0.0222 (0.7496)
iva_{t-1}	0.2254*** (3.6233)	0.0905 (1.2378)	0.1596*** (2.6385)	0.4180*** (11.7162)
常数项	−0.8261*** (−3.0400)	−0.3794 (−1.2421)	−0.3802 (−1.4287)	−1.2304*** (−8.0799)

注：() 中的数据为回归系数的 t 检验值；***、**、* 分别表示在 1%、5%、10%的水平上显著。

通过表 5-7 可以看出，首先，当不考虑中介效应的作用时，环境规制对工业生态效率的影响显著为正；其次，环境规制对外商直接投资与技术创新的影响显著为正，对工业结构与对外贸易的影响显著为负；最后，在纳入中介变量以后，外商直接投资、技术创新、工业结构以及对外贸易均对工业生态效率具有显著影响，而核心解释变量环境规制强度的影响程度降低或者由显著转为不显著。结果显示，在对环境规制强度与工业经济发展水平进行滞后一期处理后，四个传导路径也均满足中介效应成立的条件，所得结论与前文较为一致，表明中介效应检验模型的估计结果是较为稳健的。

5.3.6 环境规制与中介变量关系的进一步讨论

经过上述研究发现，环境规制对外商直接投资与技术创新具有正向影响，外商直接投资与技术创新对工业生态效率的影响都为正。环境规制对工业结构与对外贸易具有负向影响，工业结构与对外贸易对工业生态效率的影响为负。那么是否意味着只要改变绩效考核方式，以生态效率作为考核指标，地方政府就可以持续加大环境规制的力度呢？下面本研究对环境规制与中介变量的非线性关系进行进一步检验，检验结果如表 5－8 所示。

表 5－8　环境规制与中介变量的非线性关系检验

变量	*fdi*	*tech*	*hpp*	*tra*
常数项	1.1369*** (14.5763)	−0.0291*** (−9.0291)	0.5680*** (3.9146)	0.6198*** (6.4510)
iva	−0.2115*** (−11.2254)	0.0104*** (13.2700)	0.0222 (0.6339)	−0.0692*** (−2.9816)
er	0.3259*** (7.7680)	0.0076*** (5.2868)	−0.5896*** (−9.0909)	−0.3713*** (−7.3784)
er^2	−0.2597*** (−4.1418)	−0.0077*** (−3.6671)	0.6422*** (6.7867)	0.3676*** (5.0504)
R^2	0.9799	0.9964	0.9739	0.9792

注：() 中的数据为回归系数的 t 检验值；***、**、* 分别表示在 1%、5%、10%的水平上显著。

从表 5－8 可以看出，环境规制强度的一次项（*er*）对外商直接投资、技术创新的回归系数显著为正，而环境规制强度的二次项（er^2）对外商直接投资、技术创新的回归系数显著为负。因此，环境规制与外商直接投资、技术创新均呈现显著的倒 U 型关系，拐点值分别为 0.6275、0.4935。环境规制强度的一次项对工业结构、对外贸易的回归系数显著为负，而环境规制强度的二次项对工业结构、对外贸易的回归系数显著为正。因此，环境规制与工业结构、对外贸易均呈现显著的正 U 型关系，拐点值分别为 0.4590、0.5050。环境规制与中介变量的非线性关系的存在，预示着可能存在最优的环境规制强度。关于最优环境规制强度的选择问题将在下一章进行讨论。

5.4 本章小结

本章通过构建中介效应模型，对环境规制影响工业生态效率的传导路径进行了一一验证。结果发现，环境规制的确可以通过外商直接投资、技术创新、工业结构以及对外贸易等传导路径影响到工业生态效率。考虑到环境规制与经济发展可能存在的内生性问题，将核心解释变量环境规制强度进行了滞后一期处理，结果显示四条传导路径仍然满足中介效应成立的三个条件，因此本研究的估计结果具有较强的稳健性。中介效应能否发挥作用，对于提升工业生态效率、改善生态环境具有重要意义。地方政府应该注重建立相应的配套政策体系，通过外商直接投资、技术创新、工业结构和对外贸易的规制路径提高环境规制的绩效水平。此外，本章还就环境规制与各个中介变量的关系进行了进一步研究，发现均呈现出非线性关系，这预示着对于提高工业生态效率而言，可能存在着最优的环境规制强度。总体而言，地方政府需要在经济发展与污染治理之间进行权衡，把握好环境规制的强度和执行力度，从而更好地提升工业生态效率。

6 环境规制对工业生态效率影响的实证分析：基于空间效应的检验

在上一章中，我们就环境规制影响工业生态效率的传导路径进行了检验。而根据空间经济学理论，地区之间的政策和经济行为往往存在一定程度的交互作用。通过相互参考和借鉴，再结合自身实际情况，地方政府将会选择最有利于自身政绩提升的环境规制强度。因此，本章将从空间效应的角度进行实证研究，对环境规制与工业生态效率的关系以及最优的环境规制强度进行探讨。

6.1 研究问题、指标选取与数据来源

6.1.1 问题提出

上一章中传导路径的检验结果对于本书的研究有两点启示：一是环境规制对工业生态效率的作用具有复杂性；二是环境规制所产生的影响较为广泛，体现为环境规制对传导变量产生影响，这些传导变量又是经济发展的重要影响因素。因此，地方政府实施环境规制时有诸多顾虑，从控制环境污染的角度，需要实施严格的环境规制，但是过于严格又会影响经济发展，而如

果经济得不到发展，环境规制也就无从谈起。在环境规制政策的制定与实施过程中，地方政府面临着发展经济与保护生态环境的双重挑战，需要选择恰当的环境规制强度。

结合环境规制的作用机理以及地方政府竞争理论，本书认为环境规制对有关经济变量的影响将会导致地方政府在制定与实施环境规制政策的过程中产生明显的策略互动行为，主要体现在以下方面。

首先，由于环境资源的公共性，工业环境污染存在很强的外溢效应，即污染物具有空间上的扩散效应。由于外溢效应的存在，地区自身即使实施严格的环境规制，环境质量也未必能得到明显改善。地方政府可能更加倾向于主动降低环境规制强度，去换取经济的发展，进而与相邻区域共同分担环境污染成本。其次，在环境保护方面，环境保护力度和环境规制政策存在地区差异性，使得资本等生产要素跨区域流动，对区域的竞争优势产生影响，直接表现为对外商直接投资、技术创新、对外贸易等变量的影响。地方政府为了吸引要素流入和维持竞争优势，可能会降低环境规制标准，而其他地方政府也会竞相模仿。最后，在标尺竞争的作用下，地方政府本着政治利益最大化的原则，往往会借鉴和参考其他地方政府所实行的环境规制标准，选择确定自身的环境规制强度。

工业污染的外溢、环境规制对经济要素的影响以及标尺竞争的作用有效驱动了环境规制的策略互动行为。工业生态效率在空间上可能不是随机分布的，而是存在显著的空间效应。

综上所述，环境规制与工业生态效率可能具有非线性关系，对地方政府而言，只有选择恰当的环境规制强度，才有利于工业生态效率提升。在存在策略互动行为的情况下，工业生态效率是策略互动的均衡结果，可能存在显著的空间效应。而空间效应的存在又可能导致地方政府陷入环境规制的“囚徒困境”之中，不利于工业生态效率的整体提升。因此，本章将主要采用空间计量分析方法对上述问题进行实证研究。

6.1.2 指标选取

本章从空间效应的角度进行实证检验，依旧将工业生态效率作为被解释变量。外商直接投资、技术创新、工业结构和对外贸易作为重要变量，仍然需要纳入计量模型之中。与第 5 章不同的是，它们将作为控制变量出现在模型中。此外，因为这些变量基本决定了区域的工业经济发展，为避免引发严重的共线性问题，模型中剔除了工业经济发展水平的指标。同时，为了尽可能地避免遗漏重要变量，模型中新加入了其他对工业生态效率有重要影响的因素作为控制指标。

（1）被解释变量：工业生态效率（eco_effi）。与第 4 章一致，根据生态效率的概念，将工业废水排放量、工业废气排放量、固体废弃物产生量作为衡量工业经济发展对环境产生的负面影响的指标，将工业增加值作为衡量工业活动产生的正向经济价值的指标，运用数据包络分析法测算得出中国省域的工业生态效率（具体的测算过程见本书第 4 章）。

（2）核心解释变量：环境规制强度（er）。与第 5 章一致，采用熵权法综合了排污费征收数量、环境行政处罚案件数量以及公众就环境问题上访的批次等指标，测算得到环境规制的综合指数（具体方法见第 5 章）。

（3）控制变量

① 外商直接投资（fdi）：外商直接投资与东道主国家的环境污染有紧密联系，与第 5 章一致，本研究用外商直接投资总额占 GDP 的比重表示外商直接投资水平。

② 技术创新（$tech$、$newp$）：在对环境规制是否通过技术创新路径对工业生态效率产生间接作用进行中介效应检验时，由于环境规制促进技术创新的重要途径是刺激企业增加研发投入费用，因此从研发投入的角度，本书采用研究与开发经费支出占 GDP 的比重作为衡量技术创新水平的指标。此外，在本章的实证研究中还增加了工业新品产值占总工业增加值的比重，作为衡量技术创新水平的另一个指标。

③ 工业结构（*hpp*）：工业结构中高能耗、高污染产业所占比重对生态环境具有重要影响。与第 5 章一致，将八大高污染行业销售产值占总工业增加值的比重作为衡量工业结构的指标。

④ 对外贸易（*tra*）：对外贸易在促进经济增长的同时也不可避免地带来了环境污染问题，与第 5 章一致，用区域进出口总额占 GDP 的比重对对外贸易水平进行衡量。

⑤ 产业集聚（*agg*）：产业集聚通过技术溢出效应、规模效应以及竞争效应等对工业生态效率产生影响。本书研究借鉴了李勇刚和张鹏（2013）的做法，采用区位熵对省域的产业集聚水平进行度量。

⑥ 能源消费结构（*ecs*）：能源包括化石能源与非化石能源，两者在污染物排放水平上具有较大差异。非化石能源主要包括水能、风能与核能等低碳或无碳能源，污染较小，而化石能源如煤炭、石油等属于高碳能源，污染较大。我国长期以煤炭为主的能源消费结构给生态环境带来了严重的影响。本书用能源消费总量中煤炭消费量的占比表示区域的能源消费结构水平。

⑦ 资源禀赋（*res*）：资源禀赋衡量了区域资源的相对丰裕度，对地区经济发展与环境污染程度具有重要影响。本书采用人均固定资本存量作为衡量区域资源禀赋的指标。

⑧ 财政分权（*fis*）：财政分权与地方政府处理经济事务的自主性存在紧密联系，在绩效考核机制下，地方政府自主性越高，越有可能为了经济增长而牺牲环境。本书用地方人均财政支出与地方人均财政支出和中央人均财政支出之和的比重衡量财政分权程度。

⑨ 市场化指数（*mari*）：在我国市场化改革深入的背景下，市场机制将根据市场需求与供给的变动影响区域资源的配置，因此，市场化水平的高低将会对区域工业生态效率产生影响。本书采用非国有经济单位就业人数占总就业人数的比重作为市场化指数的替代指标。

6.1.3 数据来源

模型中被解释变量工业生态效率无法直接使用统计数据进行衡量，因而采用数据包络分析法综合测算得出（具体过程见第 4 章）。本章模型中涉及的解释变量包括环境规制强度、外商直接投资、技术创新、工业结构、对外贸易、产业集聚、能源消费结构、资源禀赋、财政分权和市场化指数等。其中，衡量环境规制强度的指标有排污费征收数量、环境行政处罚案件数量和公众就环境问题上访的批次等，其数据来源于《中国环境年鉴》；外商直接投资、对外贸易、产业集聚、资源禀赋、财政分权以及市场化指数的数据来源于《中国统计年鉴》；能源消费结构的数据来源于《中国能源统计年鉴》；技术创新的数据来源于《中国科技统计年鉴》；工业结构的数据来源于《中国工业统计年鉴》。在样本的选择上，由于西藏缺失数据较多，香港、澳门、台湾的数据难以获取，因此本章的实证研究同样基于 30 个省份的数据。在研究期限的选择上，因为排污费总额的统计口径发生变化，2009 年只有排污费征收额，2014 年只有排污费解缴额，2016 年则没有排污费征收统计，所以只能采用 2010—2015 年的数据。以上各指标的描述性统计如表 6-1 所示。

表 6-1 指标描述性统计

变量	均值	中位数	最大值	最小值	标准差
eco_effi	0.4555	0.4336	1.0000	0.0795	0.2147
fdi	0.2989	0.1700	1.6394	0.0482	0.2855
tech	0.0152	0.0119	0.0608	0.0034	0.0109
newp	0.3917	0.2860	2.4377	0.0090	0.3201
hpp	0.5887	0.5340	1.1614	0.2428	0.1951
tra	0.2832	0.1375	1.4574	0.0152	0.3135
er	0.1833	0.1355	0.8375	0.0281	0.1499
agg	1.7416	1.8358	2.5120	0.5798	0.3728

续表

变量	均值	中位数	最大值	最小值	标准差
ecs	0.9629	0.9006	1.9917	0.1700	0.3989
res	5.2419	5.2285	5.6971	4.8583	0.1793
fis	0.8547	0.8505	0.9359	0.7528	0.0413
mari	0.7132	0.7340	0.8855	0.4401	0.0996

6.2　环境规制与工业生态效率的空间效应检验

在第 4 章中，我们对工业生态效率的空间分布格局进行了分析，发现工业生态效率在空间上并不是随机分布的，而是具有一定的规律性。环境规制与工业生态效率是否存在空间上的相关性呢？接下来，本书将采用探索性空间数据分析方法进行检验，以便从整体上分析工业生态效率的空间分布特征和关联形式，进而为是否采用空间计量模型提供依据。

6.2.1　空间效应检验方法

1. 探索性空间数据分析方法

在实证研究中，需要对数据是否具有空间分布规律及空间相互作用进行识别，而探索性空间数据分析方法（ESDA）对空间数据分析具有特定的识别功能。该方法在传统统计学的基础上，借助现代图形技术充分挖掘空间数据的隐性信息，不需要任何先验知识就可以将数据的空间模式和相互作用直观地展现出来。

探索性空间数据分析主要使用两类方法检验是否具有空间相关性。第一类是全局空间相关检验，用来分析空间数据在整个系统内所表现出的特征，这种分布特征被称为全局空间效应。目前，常用的指标有全局 Moran's I 指数和全局 Geary 指数。第二类是局部空间相关检验，用来分析局部子系统所表现出的空间分布特征，这种分布特征被称为局部空间效应。目前，常用的指标有局部 Moran's I 指数和局部 Geary 指数。Moran's I 与 Geary 两类指数其实并无本质差异，但是学术界更倾向于采用 Moran's I 指数进行研究，因为两者相比较而言，Geary 指数更易受到偏离正态分布的影响。因此，本书也将采用 Moran's I 指数对环境规制与工业生态效率的空间自相关性进行检验。下文仅对 Moran's I 指数进行介绍。

（1）全局 Moran's I 指数。Cliff 等（1982）将 Moran's I 指数应用于全局聚类检验之中，考察邻接或邻近地区属性上的相似程度。全局 Moran's I（Global Moran's I）指数的具体计算公式如下：

$$\text{Global Moran's I}=\frac{\sum_{i=1}^{n}\sum_{j=1}^{n}w_{ij}(Y_i-\overline{Y})(Y_j-\overline{Y})}{S^2\sum_{i=1}^{n}\sum_{j=1}^{n}w_{ij}} \tag{6-1}$$

上式中，$S^2=\frac{1}{n}\sum_{i=1}^{n}(Y_j-\overline{Y})^2$，$\overline{Y}=\frac{1}{n}\sum_{i=1}^{n}Y_i$，$Y_i$ 与 Y_j 分别表示第 i 与第 j 省份的观测值，n 为省份总数，w 为权重矩阵，表示研究对象的空间关系。

通过全局 Moran's I 指数的计算公式不难发现，其主要是通过计算区域特定变量的观测值与相邻区域相同变量的观测值之间的差异，对两者空间上的关系进行刻画。为了进一步刻画多变量在空间上的分布关系，Anselin 等（2002）在单变量全局 Moran's I 指数的基础上构造了双变量全局 Moran's I 指数。双变量全局 Moran's I 指数描述了区域某个变量的属性值与相邻区域其他变量的属性值之间的关系，主要用于刻画多变量的空间分异状态。

双变量全局 Moran's I 指数的计算公式如下：

$$\text{I}=\frac{n\sum_{i}^{n}\sum_{j\neq i}^{n}w_{ij}z_i^l z_j^u}{(n-1)\sum_{i}^{n}\sum_{j\neq i}^{n}w_{ij}} \tag{6-2}$$

上式中，z_i^l 表示区域 i 的 l 变量的标准化值，z_j^u 表示区域 j 的 u 变量的标准化值，w_{ij} 表示空间权重，n 表示空间单元个数。

计算出全局 Moran's I 指数后，还需要对其统计意义进行考察，即进行显著性检验。全局 Moran's I 指数是否显著可通过 $Z-Score$ 正态分布假设进行检验，构造的 Z 统计量如下：

$$Z\ (\text{Moran's I}) = \frac{\text{Moran's I} - E\ (\text{Moran's I})}{\sqrt{VAR\ (\text{Moran's I})}} \tag{6-3}$$

其中，$E\ (\text{Moran's I}) = -\frac{1}{n-1}$，如果全局 Moran's I 指数的正态统计量的 Z 值通过了给定置信水平（常用水平为 10%、5%、1%）的假设检验，则认为全局 Moran's I 指数是显著的，表明区域变量之间存在显著的空间效应。

全局 Moran's I 指数取值在［−1，1］之间。若全局 Moran's I 指数值为负，表示负相关，说明空间上相邻的区域具有显著的差异，因此相似的地区在空间上呈现出离散的分布状况，表现为高值与低值相邻或低值与高值相邻；若全局 Moran's I 指数值为正，说明空间上相邻的区域差异较小，因此相似的地区在空间上呈现出集聚的分布状况，表现为高值与高值相邻或低值与低值相邻；若全局 Moran's I 指数值为 0，则不存在空间相关关系，表示属性值是随机分布的。本书将采用双变量全局 Moran's I 指数对环境规制与工业生态效率的空间效应进行检验。

（2）局部 Moran's I 指数。全局 Moran's I 指数只能从整体上反映是否存在空间效应，不能识别系统中研究个体的空间关联形式。而且全局 Moran's I 指数还存在一定的局限性。假如某区域的工业生态效率与环境规制具有空间负相关关系，但是另外一些区域的工业生态效率与环境规制存在着空间正相关性，则由于正负抵消，会降低全局 Moran's I 指数值甚至使其趋近于 0，导致整体指数并不显著。在这种情况下，可能得出工业生态效率与环境规制不存在任何空间相关性的结论，违背了客观实际。因此，需要采用局部空间相关性指标（Local Indicators of Spatial Association，LISA）来分析研究个体的局部空间分布特征。Anselin（2003）提出可以采用局部Moran's I指数及Moran散点图进行局部空间相关性检验。局部Moran's I（Local Moran's I）指数的计算公式为：

$$\text{Local Moran's I} = \frac{Y_i - \overline{Y}}{S^2} \sum_{j=1}^{n} w_{ij} (Y_j - \overline{Y}) \tag{6-4}$$

上式中，Y_i 与 Y_j 和全局Moran's I指数计算公式中的含义相同，分别表示第 i 与第 j 省份的观测值，w_{ij} 表示两个相邻省份 i 和 j 的空间关系，$S^2 = \frac{1}{n-1} \sum_{j=1,\ j \neq i}^{n} (Y_j - \overline{Y})$。

同样，可以构造出双变量局部Moran's I指数，具体公式如下：

$$I_i = z_i^l \sum_{j \neq i}^{n} w_{ij} z_j^u \tag{6-5}$$

与双变量全局Moran's I指数计算公式中的含义一样，式中 z_i^l 表示区域 i 的 l 变量的标准化值，z_j^u 表示区域 j 的 u 变量的标准化值，w_{ij} 为空间权重，n 为空间单元个数。

根据计算出的局部Moran's I指数，可以进一步画出描述区域在空间上的关联结构的Moran散点图。Moran散点图把变量的观测值及其空间滞后项通过散点图的形式描述出来，直观地反映出两者在空间上的集聚结构。其中，散点图的横轴表示不同区域变量的观测值，纵轴为变量观测值的空间滞后值。单变量Moran散点图的横纵轴表示的是同一变量，当纵轴用与横轴不同的变量的空间滞后项来表示时，则构成了双变量Moran散点图。本书将采用双变量Moran散点图对环境规制与工业生态效率的空间关系进行识别。

Moran散点图为四象限图，象限与空间关联模式相对应。具体而言，第一象限表示具有较高工业生态效率的区域其周围区域的环境规制标准也较高；第二象限表示具有较低工业生态效率的区域被具有较高环境规制标准的区域包围着；第三象限表示具有较低工业生态效率的区域与具有较低环境规制标准的区域集聚在一起；第四象限表示工业生态效率较高的区域其相邻区域的环境规制标准较低。

2. 空间权重设定

在进行空间自相关性检验时，还需要定义研究对象在空间上的关系，即设定空间权重（Spatial Weight）矩阵。空间统计学与传统统计学的重要区别就在于空间权重矩阵的引进，这也是进行空间相关性检验的重要前提条件。在实证研究中，空间权重矩阵并不需要通过任何经济模型进行估计得出，而是被假定为外生的，通常情况下为一个无量纲的 $n \times n$ 维的矩阵，基本形式为：

$$w=\begin{bmatrix} w_{11} & \cdots & w_{1n} \\ \vdots & \vdots & \vdots \\ w_{n1} & \cdots & w_{nn} \end{bmatrix} \tag{6-6}$$

假定研究对象 i 与 j，它们之间的空间关系用 w_{ij} 表示，那么很显然，w_{ij} 与 w_{ji} 是相等的；而研究对象不与自身相邻，因此 w_{ii} 为 0。不难看出，空间权重矩阵是一个对角线为 0 的对称矩阵。

本书基于邻近性标准构建了空间权重矩阵。邻近性标准主要是指依据研究对象在空间上是否相邻进行权重设定。定义是否相邻一般可以用 Rook 和 Queen 两种方法（Anselin 和 Bera，1998）。Rook 邻近计算法中，只有当研究对象具有共同的边界时，才将研究对象定义为邻居。选择 Queen 标准得到的空间权重矩阵中研究对象的邻居显然更多，空间邻接结构更为紧密，因而该方法的应用更为广泛。基于邻近性标准设定权重时，当研究对象在空间位置上相邻则用“1”表示，不相邻则用“0”表示。因此，如果有 n 个研究对象，则空间权重矩阵表现为一个 $n \times n$ 维的 0－1 稀疏矩阵。基于邻近性标准构建的空间权重矩阵的表达式为：

$$w_{ij}=\begin{cases} 1 & \text{当 } i \text{ 与 } j \text{ 相邻时} \\ 0 & \text{其他} \end{cases} \tag{6-7}$$

6.2.2 环境规制与工业生态效率的全局空间效应检验

本书在衡量环境规制强度时采用了排污费征收数量、环境行政处罚案件数量、公众就环境问题上访的批次三个指标。因此，接下来一一验证它们与工业生态效率之间是否具有空间相关性。

1. 排污费征收数量与工业生态效率的全局空间效应检验

表 6-2 给出了 2010—2015 年排污费征收数量与工业生态效率的全局 Moran's I 指数。可以发现，在研究期间两者的全局 Moran's I 指数全部大于 0，而且均通过了 10%的显著性检验。这表明排污费征收数量与工业生态效率呈现非常明显的空间正相关效应，意味着排污费征收数量与工业生态效率在空间上并不是呈现随机分布的状态，排污费的征收极有可能对其相邻省份的工业生态效率产生空间溢出效应。

表 6-2 排污费征收数量与工业生态效率的全局 Moran's I 指数

年份	I	z 值	p 值
2010	0.1511	1.7251	0.041
2011	0.1407	1.6371	0.055
2012	0.1615	1.8485	0.036
2013	0.1396	1.5710	0.065
2014	0.1859	2.0578	0.027
2015	0.2403	2.6381	0.007

2. 环境行政处罚案件数量与工业生态效率的全局空间效应检验

表 6-3 给出了 2010—2015 年环境行政处罚案件数量与工业生态效率的全局 Moran's I 指数。可以发现，在研究期间两者的全局 Moran's I 指数全部大于 0，而且除 2010 年以外其他年份均通过了 10%的显著性检验（p 值大于 0.1 即为不显著），2010 年全局 Moran's I 指数的 p 值也非常接近显著性水平。这说明环境行政处罚案件数量与工业生态效率呈现较强的空间正相

关效应，即工业生态效率高的省份与环境行政处罚案件数量较多的省份呈现空间上的邻接关系。因此，环境行政处罚案件数量与工业生态效率在空间上并不是呈现随机分布的状态，两者具有紧密的联系。

表 6-3 环境行政处罚案件数量与工业生态效率的全局 Moran's I 指数

年份	I	z 值	p 值
2010	0.1040	1.2374	0.117
2011	0.1116	1.3552	0.099
2012	0.1076	1.3294	0.094
2013	0.1882	2.0747	0.035
2014	0.2397	2.8528	0.009
2015	0.1400	1.7387	0.051

3. 公众就环境问题上访的批次与工业生态效率的全局空间效应检验

表 6-4 给出了 2010—2015 年公众就环境问题上访的批次与工业生态效率的全局 Moran's I 指数。可以发现，在研究期间两者的全局 Moran's I 指数虽然全部大于 0，但是除 2010 年外均未通过显著性检验。这反映出公众就环境问题上访的批次与工业生态效率在空间上没有表现出明显的联系，但这也不能完全说明两者就不存在空间溢出效应。根据全局 Moran's I 指数的计算原理，倘若两者在一些省份呈现正相关，而在另外一些省份呈现负相关，那么从整体来看，全局 Moran's I 指数很有可能因为正负抵消而表现为不显著。因此，需要进一步结合 Moran 散点图进行分析。

表 6-4 公众就环境问题上访的批次与工业生态效率的全局 Moran's I 指数

年份	I	z 值	p 值
2010	0.1651	1.8525	0.037
2011	0.0607	0.7259	0.218
2012	0.0783	0.8867	0.179

续表

年份	I	z 值	p 值
2013	0.0739	0.8893	0.201
2014	0.0916	0.9996	0.146
2015	0.0746	0.9160	0.165

4. 综合环境规制强度与工业生态效率的全局空间效应检验

表 6－5 给出了 2010—2015 年综合环境规制强度与工业生态效率的全局 Moran's I 指数。可以发现，从 2010 年到 2015 年，综合环境规制强度与工业生态效率的空间联系逐渐增强，两者的全局 Moran's I 指数虽然有波动，但整体是增大的，而且从显著性水平来看，两者的全局 Moran's I 指数从不显著过渡为显著。这表明随着特定省份环境规制强度的加大，相邻省份的工业生态效率极有可能呈现出逐渐提升的发展趋势，环境规制强度与工业生态效率两者之间存在较强的空间依赖性。

表 6－5　综合环境规制强度与工业生态效率的全局 Moran's I 指数

年份	I	z 值	p 值
2010	0.0572	0.5755	0.249
2011	0.0514	0.5979	0.244
2012	0.0550	0.5476	0.262
2013	0.1522	1.7406	0.043
2014	0.1913	2.4316	0.010
2015	0.2311	2.6833	0.013

6.2.3　环境规制与工业生态效率的局部空间效应检验

1. 排污费征收数量与工业生态效率的局部空间效应检验

图 6－1 给出了 2010 年和 2015 年排污费征收数量与工业生态效率的

Moran 散点图。在 2010 年，第一象限的省份有黑龙江、吉林、北京、天津、山东、河南、江苏、上海、浙江、江西、福建。第二象限的省份有内蒙古、辽宁、河北、山西、陕西、安徽。第三象限的省份有新疆、甘肃、宁夏、青海、四川、重庆、云南、贵州、广西。第四象限的省份有湖北、湖南、广东。海南位于坐标轴上。在 2015 年，第一象限的省份有内蒙古、吉林、北京、天津、江苏、上海、浙江、福建。第二象限的省份有辽宁、河北、山西、山东、河南、安徽、湖北。第三象限的省份有黑龙江、新疆、甘肃、宁夏、青海、江西、云南、贵州、广西。第四象限的省份有陕西、四川、重庆、湖南、广东。海南位于坐标轴上。

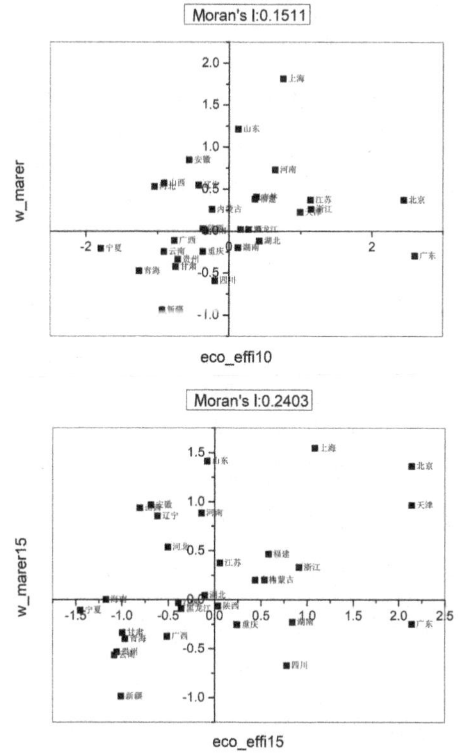

图 6-1　2010 年和 2015 年排污费征收数量与工业生态效率的 Moran 散点图

通过对比发现，首先，第一象限的黑龙江与江西两个省份转移到了第三象限，反映出与黑龙江和江西相邻的省份的排污费征收数量相对有所下降，而且两个省份自身的工业生态效率也出现了下降；山东、河南则是从第一象限迁至第二象限，表明两个省份的工业生态效率相对降低。其次，第二象限的内蒙古转移到了第一象限，表明其工业生态效率相对上升；陕西从第二象限转移到第四象限，反映出陕西的工业生态效率相对上升，但是相邻省份的排污费征收数量相对降低。再次，第三象限的四川和重庆两个省份因为工业生态效率相对提升而转移至第四象限。最后，第四象限的湖北因工业生态效率相对下降而转移至第二象限。从统计数字来看，在 2010 年处于第一和第三象限的省份有 20 个，占研究对象的 69%，在 2015 年处于第一和第三象限的省份有 17 个，占研究对象的 59%，多于第二和第四象限的省份数量。而且从全局 Moran's I 指数来看，排污费征收数量与工业生态效率的空间效应显著为正，意味着第二和第四象限的负向空间关联效应整体上并不十分显著。这反映出排污费征收数量与工业生态效率主要以高高集聚和低低集聚为主，即工业生态效率越高的省份，其相邻省份的排污费征收数量也越多，反之则排污费征收数量越少。

2. 环境行政处罚案件数量与工业生态效率的局部空间效应检验

图 6－2 给出了 2010 年和 2015 年环境行政处罚案件数量与工业生态效率的 Moran 散点图。在 2010 年，第一象限的省份有吉林、山东、江苏、上海、江西、福建。第二象限的省份有内蒙古、河北、安徽。第三象限的省份有新疆、辽宁、甘肃、山西、陕西、宁夏、青海、四川、重庆、云南、贵州、广西。第四象限的省份有黑龙江、北京、天津、河南、湖北、浙江、湖南、广东。海南位于坐标轴上。在 2015 年，第一象限的省份有天津、江苏、上海、湖南、福建。第二象限的省份有河北、山东、河南、安徽、江西、广西。第三象限的省份有黑龙江、新疆、辽宁、甘肃、山西、宁夏、青海、湖北、云南、贵州。第四象限的省份有内蒙古、吉林、北京、陕西、四川、重庆、浙江、广东。海南位于坐标轴上。

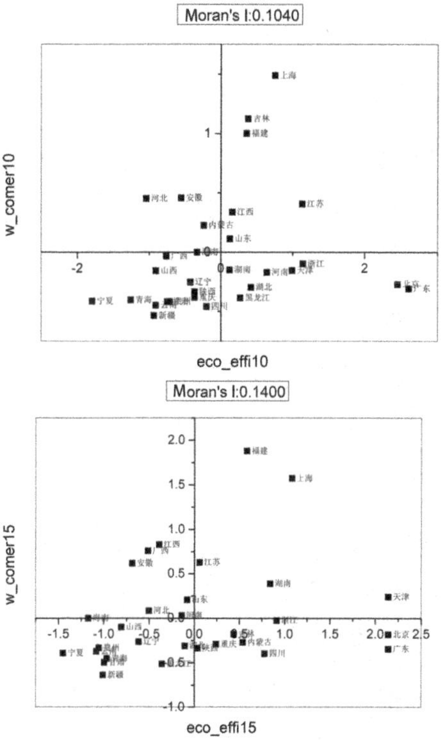

图 6－2　2010 年和 2015 年环境行政处罚案件数量与工业生态效率的 Moran 散点图

通过对比发现，首先，第一象限的吉林转移至第四象限，反映出其相邻省份的环境行政处罚力度相对下降；山东、江西两个省份则从第一象限转移至第二象限，说明两个省份的工业生态效率相对降低。其次，第二象限的内蒙古转移至第四象限，这意味着内蒙古的工业生态效率相对上升，而相邻省份的环境行政处罚力度相对降低。再次，原本处于第三象限的陕西、四川、重庆转移至第四象限，说明工业生态效率相对提升；广西则从第三象限转移到第二象限，意味着其相邻省份的环境行政处罚力度相对上升。最后，原本处于第四象限的黑龙江因工业生态效率出现下降而转移至第三象限；天津和湖南从第四象限转移至第一象限，反映出其相邻省份的环境行政处罚力度相对提高；河南从第四象限转移至第二象限，说明其自身的工业生态效率相对降低，但是相邻省份的环境行政处罚力度相对提高；湖北从第四象限转移到第三象限，主要是由于其自身的工业生态效率相对降低所导致。总体来看，处于第二、第四象限的省份虽然存在低高、高低集聚的态势，但是空间联系并不紧密，因此整体上存在显著为正的空间效应。

3. 公众就环境问题上访的批次与工业生态效率的局部空间效应检验

图 6－3 给出了 2010 年和 2015 年公众就环境问题上访的批次与工业生态效率的 Moran 散点图。在 2010 年，第一象限的省份有吉林、江苏、湖北、上海、浙江、湖南、江西、福建、广东。第二象限的省份有安徽、重庆、贵州、广西。第三象限的省份有内蒙古、新疆、辽宁、甘肃、河北、山西、陕西、宁夏、青海、四川、云南。第四象限的省份有黑龙江、北京、天津、山东、河南。海南位于坐标轴上。在 2015 年，第一象限的省份有吉林、江苏、重庆、上海、浙江、湖南、福建、广东。第二象限的省份有辽宁、山西、山东、河南、安徽、湖北、江西、云南、贵州、广西。第三象限的省份有黑龙江、新疆、甘肃、河北、宁夏、青海。第四象限的省份有内蒙古、北京、天津、陕西、四川。海南位于坐标轴上。

通过对比发现，首先，第一象限的湖北和江西两个省份转移到了第二象限，反映出两个省份的工业生态效率相对下降。其次，第二象限的重庆转移到了第一象限，这与重庆工业生态效率相对提升存在很大关系。再次，第三象限的内蒙古和四川两个省份转移到了第四象限，反映出两个省份的工业生态效率相对提升；辽宁、山西、云南三个省份从第三象限转移至第二象限，反映出其相邻省份的公众就环境问题上访的批次相对增加；陕西的工业生态效率相对提升，从第三象限转移至第四象限。最后，第四象限的黑龙江因工业生态效率相对下降而转移至第三象限；山东和河南两个省份的工业生态效率相对下降，而且相邻省份的公众对环境问题的关注度相对提升，因而从第四象限转移至第二象限。整体上看，第二象限的省份从 4 个增加到 10 个，反映出公众的环境意识在逐渐增强，其对环境问题的关注度日益提高。

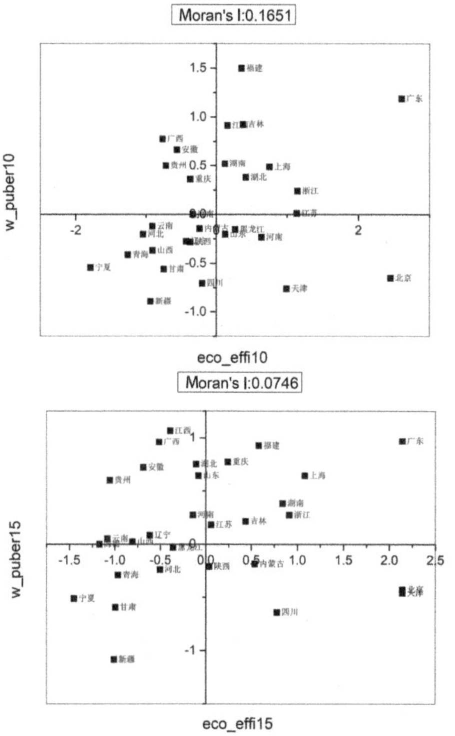

图 6-3　2010 年和 2015 年公众就环境问题上访的批次与工业生态效率的 Moran 散点图

4. 综合环境规制强度与工业生态效率的局部空间效应检验

图 6-4 给出了 2010 年和 2015 年综合环境规制强度与工业生态效率的 Moran 散点图。在 2010 年，第一象限的省份有黑龙江、吉林、江苏、上海、江西、福建、广东。第二象限的省份有内蒙古、河北、辽宁、安徽。第三象限的省份有新疆、甘肃、山西、陕西、宁夏、青海、四川、重庆、云南、贵州、广西。第四象限的省份有北京、天津、山东、河南、湖北、浙江、湖南。海南位于坐标轴上。在 2015 年，第一象限的省份有内蒙古、吉林、天津、江苏、上海、福建。第二象限的省份有黑龙江、辽宁、河北、安徽、江西、广西。第三象限的省份有新疆、甘肃、山西、宁夏、青海、山东、河南、湖北、云南、贵州。第四象限的省份有北京、陕西、四川、重庆、浙江、湖南、广东。海南位于坐标轴上。

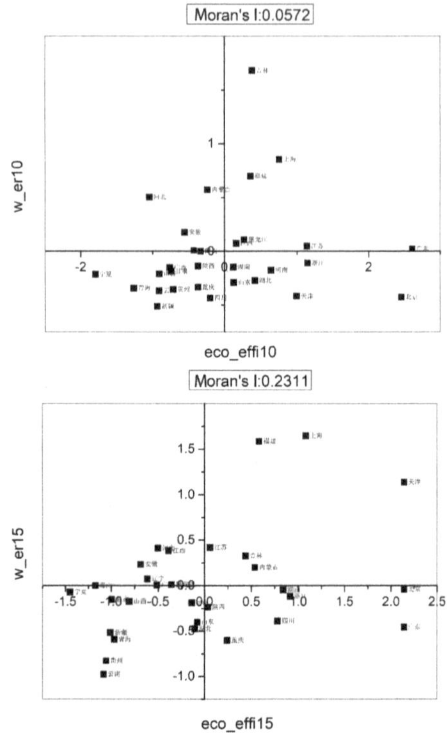

图 6－4　2010 年和 2015 年综合环境规制强度与工业生态效率的 Moran 散点图

通过对比发现，首先，黑龙江和江西两个省份的工业生态效率相对降低，从第一象限转移到第二象限；广东从第一象限转移至第四象限，意味着其相邻省份的整体环境规制水平相对降低。其次，第二象限的内蒙古转移到第一象限，说明其工业生态效率相对提高。再次，第三象限的广西转移到第二象限，反映出其相邻省份的整体环境规制水平相对提升，这从侧面说明越来越多的省份为了改善生态环境，倾向于采取更为严格的环境规制政策；陕西、四川、重庆等省份的工业生态效率相对提升，从第三象限转移至第四象限。最后，第四象限的天津转移到了第一象限，说明为了改善生态环境，其相邻省份实施了更为严格的环境规制政策；山东、河南和湖北等省份从第四象限转移到了第三象限，说明这些省份的工业生态效率均出现一定程度的下降。

6.3 空间计量模型设定与检验

6.3.1 空间计量模型设定

经过上述分析，发现环境规制与工业生态效率存在不可忽视的空间效应，这为本书构建空间计量模型提供了充分的依据。传统计量模型基于高斯-马尔科夫经典假设，要求解释变量之间具有相互独立性。当研究对象具有空间上的相关性时，则彼此之间不能够保持独立。如果仍然采用传统计量模型，则会导致计量模型的参数估计出现偏差。因此，构建空间计量模型进行分析尤为必要。

1. 空间计量的基本模型

空间计量模型的种类较多，但其基本形式主要是在传统计量模型的基础上，加入因变量、自变量或者扰动项的空间滞后项。较为常用的模型有空间自回归模型（SLM）、空间误差模型（SEM）和空间杜宾模型（SDM）。其中，空间杜宾模型要求在自变量之中加入空间滞后项，这容易造成共线性问题，因此，本书并未采用空间杜宾模型①。

（1）空间自回归模型（Spatial Lag Model，SLM）。

$$\begin{gathered} Y=\rho WY+X\beta+\mu \\ \mu\sim N\left(0,\ \sigma^2 I_n\right) \end{gathered} \tag{6-8}$$

式中，Y 表示因变量，X 为 $n\times k$ 的自变量。该模型与传统计量模型的不同之处在于加入了因变量的空间滞后项 WY，ρ 为因变量的空间滞后项的估计系数，W 为空间权重矩阵，β 为自变量的估计系数。空间自回归模型的

① 本书曾尝试采用空间杜宾模型进行回归，但是自变量的空间滞后项的回归系数并不显著，这也说明就本书的研究而言，空间杜宾模型不是理想模型。

研究意义在于：在对经济现象进行考察时，如果经济个体之间存在被解释变量（因变量）之间的交互效应，则只考虑其自身的解释变量，对被解释变量的估计就会有所偏差，也不能很好地对其变化和发展的趋势进行预测分析。而空间自回归模型通过容纳空间滞后因变量，就能较好地控制这种被解释变量之间的交互效应所造成的影响。

（2）空间误差模型（Spatial Error Model，SEM）。

$$Y = X\beta + \varepsilon$$
$$\varepsilon = \lambda W\varepsilon + \mu \qquad (6-9)$$
$$\mu \sim N(0, \sigma^2 I_n)$$

式中，Y 表示因变量，X 为 $n \times k$ 的自变量，β 为自变量的估计系数，W 为空间权重矩阵，λ 为空间自相关系数，度量了遗漏变量或随机冲击所带来的误差干扰因素对相邻区域研究个体的被解释变量所造成的影响。空间误差模型对研究个体之间空间相关性的刻画并不体现在被解释变量的空间滞后项上，而是体现在模型的误差项上，加入了误差的空间滞后项 $W\varepsilon$。空间误差模型的含义在于：当对研究对象的某个个体造成冲击，或者因自变量不够完备而遗漏了一些变量时，这种冲击或者遗漏变量的误差就会以协方差结构的形式传递到相邻区域的个体，空间误差模型通过考察误差项的空间自相关性可以避免其带来的影响。

2. 空间计量模型设定

本书的研究基于30个省份的面板数据，在面板模型中加入了固定项用于控制个体效应。具体的空间计量模型如式（6－10）所示，模型中加入了环境规制强度的二次项，用以检验环境规制与工业生态效率的线性关系。同时，为了进行比较，本书还构建了环境规制与工业生态效率的传统计量模型，如式（6－11）所示。两个模型最大的不同之处在于，空间计量模型之中加入了工业生态效率和空间扰动项的空间滞后项，分别为 $Weco\_effi$ 和 $W\varepsilon$。具体如下：

$$eco\_effi_{it}=c_0+c_i+\rho\sum_j W_{ij}eco\_effi_{it}+\beta_1 er_{it}+\beta_2 er_{it}^{\ 2}+\beta_3 fdi_{it}+\beta_4 tech_{it}+\beta_5 newp_{it}+\beta_6 hpp_{it}+\beta_7 tra_{it}+\beta_8 agg_{it}+\beta_9 ecs_{it}+\beta_{10} res_{it}+\beta_{11} fis_{it}+\beta_{12} mari_{it}+\varepsilon_{it}$$

$$\varepsilon_{it}=\lambda\sum_j W_{ij}\varepsilon_{it}+\mu_{it} \tag{6-10}$$

$$eco\_effi_{it}=c_0+c_i+\beta_1 er_{it}+\beta_2 er_{it}^{\ 2}+\beta_3 fdi_{it}+\beta_4 tech_{it}+\beta_5 newp_{it}+\beta_6 hpp_{it}+\beta_7 tra_{it}+\beta_8 agg_{it}+\beta_9 ecs_{it}+\beta_{10} res_{it}+\beta_{11} fis_{it}+\beta_{12} mari_{it}+\varepsilon_{it} \tag{6-11}$$

式中，c_0 和 c_i 分别表示常数项和个体固定效应；er_{it} 和 er_{it}^2 分别表示环境规制强度的一次项和二次项，用环境规制综合指数表示，具体测算过程见第 5 章；fdi_{it} 表示外商直接投资，用外商直接投资总额占 GDP 的比重表示；$tech_{it}$ 表示技术创新投入，用研究与开发经费支出占 GDP 的比重表示；$newp_{it}$ 表示技术创新产出，用工业新品产值占总工业增加值的比重表示；hpp_{it} 表示工业结构，用八大高污染行业销售产值占总工业增加值的比重表示；tra_{it} 表示对外贸易，用进出口总额占 GDP 的比重表示；agg_{it} 表示产业集聚，采用区位熵计算得出产业集聚水平①；ecs_{it} 表示能源消费结构，用能源消费总量中煤炭消费量的占比表示；res_{it} 表示资源禀赋，用人均固定资本存量表示；fis_{it} 表示财政分权，用地方人均财政支出占地方人均财政支出与中央人均财政支出之和的比重表示；$mari_{it}$ 表示市场化水平，用非国有经济单位就业人数占总就业人数的比重表示；β_1、β_2……分别为变量的回归系数；ε_{it} 表示随机扰动项；ρ 和 λ 分别表示被解释变量的空间滞后项的回归系数和误差项的空间滞后项的回归系数，如果 λ 为 0 则模型为空间自回归模型，如果 ρ 为 0 则模型为空间误差模型。

---

① 区位熵的计算公式为 $AGG=(X_{it}/X_t)/(Q_{it}/Q_t)$，其中 X_{it} 表示 i 地区第 t 年的工业增加值，X_t 为第 t 年的全国工业增加值，Q_{it} 表示 i 地区第 t 年的地区 GDP，Q_t 为第 t 年的全国 GDP。

6.3.2 数据平稳性与模型检验

1. 平稳性检验

面板数据是否平稳与伪回归问题密切相关，因此实证分析之前需要进行平稳性检验。为了避免出现虚假回归，本书采用 LLC 检验方法，对空间计量模型中的样本数据是否平稳进行检验，结果如表 6-6 所示。从表中可以看出，各个样本的检验统计量均通过了显著性检验，表明各个样本变量不存在单位根，即所有变量为平稳序列。因此，可以纳入面板回归模型之中。

表 6-6 平稳性检验

变量	statistic	prob.	检验结果
eco_effi	−28.0252	0.0000	平稳
fdi	−8.7821	0.0000	平稳
tech	−12.1677	0.0000	平稳
newp	−5.0994	0.0000	平稳
agg	−47.9718	0.0000	平稳
hpp	−5.4327	0.0000	平稳
tra	−10.1653	0.0000	平稳
ecs	−42.2479	0.0000	平稳
er	−8.5688	0.0000	平稳
er^2	−5.9399	0.0000	平稳
res	−8.3718	0.0000	平稳
fis	−57.8414	0.0000	平稳
mari	−16.1067	0.0000	平稳

2. 空间计量模型检验

通过构造 LM 检验值及其稳健形式的 R_LM 检验值可以对空间计量模型的选择问题进行判断（张熙鸣，2016）。在不存在空间误差项的自相关和不存在空间异方差的前提条件下，因变量是否存在空间自相关可以通过Anselin（1988）提出的LMLAG统计值进行检验，原假设为不存在因变量的空间自相关。当具备不存在因变量的空间自相关和不存在误差异方差的前提条件时，误差项是否存在空间自相关可以通过Burridge（1980）提出的LMERR统计值进行检验，原假设为不存在误差项的空间自相关。针对上述检验中前提条件不成立的情形，Bera和Yoon（1993）提出了更为稳健的R_LM检验，其中R_LMLAG检验用于误差项存在空间自相关但被忽略的情况，而R_LMERR检验则针对因变量存在空间自相关但被忽略的情况。LM统计量的构造具体如下。

（1）在不存在空间自回归效应时，构造空间残差相关的LMERR统计量。在不存在空间自回归效应时，空间残差相关检验的原假设为模型残差不存在空间相关。LMERR的统计量为：

$$LM=\frac{(e'We/s^2)^2}{T}\sim\chi^2\ (1) \tag{6-12}$$

式中，$s^2=\frac{1}{N}e'e$，$T=tr\ (W'W+W^2)$。

（2）在存在空间自回归效应时，构造空间残差相关的R_LMERR统计量。在存在空间自回归效应时，假设模型残差不存在空间相关，可以构造出R_LMERR的统计量，具体如下：

$$LM=\frac{[e'We/s^2-T(R\tilde{J})^{-1}\ (e'WY/s^2)\ ]^2}{T-T^2(R\tilde{J})^{-1}} \tag{6-13}$$

式中，$s^2=\frac{1}{N}e'e$，$(R\tilde{J})^{-1}=\left[T+\frac{(WX\hat{\beta})'M_X\ (WX\hat{\beta})}{s^2}\right]^{-1}$，$M_X=I-X\ (X'X)^{-1}X'$，$T=tr\ (W'W+W^2)$，$\hat{\beta}$ 是原假设中模型的OLS估计量。

（3）在不存在空间残差相关时，构造空间自回归效应的LMLAG统计量。在模型残差不存在空间相关时，假设模型存在空间自回归效应，可以构造出 LMLAG 的统计量，具体如下：

$$LM=\frac{(e'WY/s^2)^2}{R\tilde{J}} \qquad (6-14)$$

式中，$R\tilde{J}=T+\frac{(WX\hat{\beta})'M_X\ (WX\hat{\beta})}{s^2}$，$T=tr\ (W'W+W^2)$，$M_X=I-X\ (X'X)^{-1}X'$，$s^2=\frac{1}{N}e'e$，$\hat{\beta}$ 是原假设中模型的 OLS 估计量。

（4）在存在空间残差相关时，构造空间自回归效应的 R_LMLAG 统计量。在模型残差存在空间相关时，原假设为模型存在空间自回归效应。R_LMLAG 的统计量为：

$$LM=\frac{(e'WY/s^2-e'We/s^2)^2}{R\tilde{J}-T}\sim\chi^2\ (1) \qquad (6-15)$$

上述统计量的构造均需要满足一定的前提条件，由于实证中无法根据先验经验判断前提条件是否成立，因此需要依据一定的准则进行判断，以决定究竟应该选用何种空间计量模型，从而使得估计结果更加符合实际。根据 Anselin 和 Florax（1995）的研究，存在以下判断条件：

（1）LMLAG 的显著性大于 LMERR；

（2）R_LMLAG 显著而 R_LMERR 不显著。

当条件（1）和条件（2）同时满足时，可采用空间自回归模型；如果 LMERR 的显著性大于 LMLAG，R_LMERR 显著而 R_LMLAG 不显著，则采用空间误差模型。

空间计量模型的 LM 检验结果如表 6－7 所示。其中 LMLAG 统计值为 5.9789，LMERR 统计值为 3.1665，均通过了显著性检验，但是 LMLAG 统计值的显著性要明显高于 LMERR。与此同时，R_LMLAG 通过了显著性检验，而 R_LMERR 不显著。因此，相比较之下，空间自回归模型是更优的选择。本书将采用空间自回归模型进行实证研究。

表 6－7 空间计量模型的 LM 检验结果

LM 检验	LM 统计值	p 值
LMLAG	5.9789**	0.014
R_LMLAG	2.8828*	0.090
LMERR	3.1665*	0.075
R_LMERR	0.0704	0.791

注：***、**、* 分别表示在 1%、5%、10% 的水平上显著。

6.4 模型估计结果与分析

空间计量模型中加入了空间滞后项时，如果仍然采用最小二乘法将会导致参数估计的不一致性，而空间计量模型的最大似然估计量却是一致的。因此，本书在 MATLAB 中采用 ML 方法进行参数估计，结果如表 6－8 所示。为便于比较，空间误差模型的估计结果也一并给出。

表 6－8 环境规制对工业生态效率影响的空间计量模型估计结果

变量	空间自回归模型			空间误差模型		
	估计值	t 统计量	p 值	估计值	t 统计量	p 值
fdi	0.0084	0.1039	0.9173	0.0240	0.3223	0.7472
tech	23.2985***	5.4109	0.0000	21.6532***	4.7847	0.0000
agg	0.0848**	2.1371	0.0326	0.1787***	3.9366	0.0001
hpp	−0.1669	−1.6361	0.1018	−0.1110	−1.0865	0.2772
tra	0.2036*	1.9112	0.0560	0.2190**	1.9742	0.0484
ecs	0.0238	0.3434	0.7313	0.0363	0.5364	0.5917
res	−1.6614**	−2.1571	0.0310	−3.2529***	−3.4547	0.0006
fis	0.3633	0.7158	0.4741	−0.4669	−0.7850	0.4325
mari	0.3584**	2.1606	0.0307	0.3238*	1.9126	0.0558
newp	−0.1848***	−4.4198	0.0000	−0.1160***	−2.8296	0.0047

续表

变量	空间自回归模型			空间误差模型		
	估计值	t统计量	p值	估计值	t统计量	p值
er	0.2327*	1.6653	0.0958	0.0175	0.1195	0.9049
er^2	−0.2036	−1.2758	0.2020	0.0065	0.0402	0.9680
空间滞后项	0.1920**	2.3504	0.0188	0.6280***	9.7554	0.0000
	R^2=0.9523	log - likelihood=293.6516		R^2=0.9233	log - likelihood=294.9483	

注：***、**、*分别表示在1%、5%、10%的水平上显著。

首先，从表6-8中可以看出，环境规制强度的一次项（*er*）对工业生态效率（*eco_effi*）的影响显著为正，环境规制强度的二次项（er^2）系数为负，表明环境规制与工业生态效率呈现倒U型曲线关系，反映了环境规制与工业生态效率之间存在非线性关系。这说明，过于严格的环境规制与过于宽松的环境规制都不利于工业生态效率的改善。

因为环境规制与工业生态效率呈现倒U型曲线关系，将工业生态效率对环境规制进行求导，得到导函数$\frac{deco_effi}{der}=2\beta_2\times er+\beta_1$，令导函数等于0，即可求出环境规制强度的拐点值$er=-\frac{\beta_1}{2\beta_2}$。根据回归系数$\beta_1$为0.2327，$\beta_2$为−0.2036，可以计算出最优环境规制强度，即拐点值为0.5715。本书计算出了各地区的平均环境规制强度（具体数值见附表1）。将最优环境规制强度与各地区的平均环境规制强度进行对比（见图6-5），可以看出，各地区环境规制强度的平均值均未达到拐点值。因此，对于大部分省份而言，地方政府的选择应该是继续加强环境规制强度，并将其维持在拐点值之前。

其次，再看工业生态效率空间滞后项的回归系数，其估计值为0.1920（t=2.3504，p=0.0188），通过了显著性检验。说明在环境规制策略互动的作用下，工业生态效率的确存在显著的空间效应。

那么，这种空间效应是否会影响环境规制强度的选择呢？接下来采用传

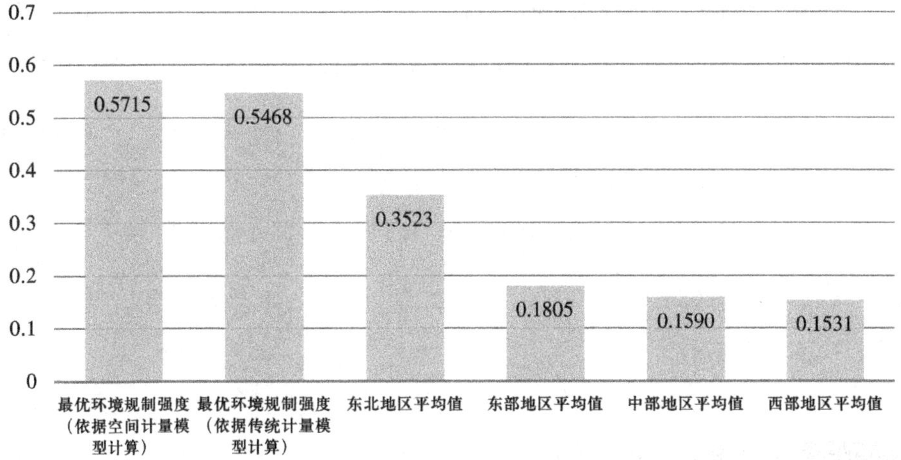

图 6-5　各地区环境规制强度平均值与最优值比较

统计量模型进行回归分析，结果如表 6-9 所示。

表 6-9　环境规制对工业生态效率影响的传统计量模型估计结果

变量	参数估计值	t 统计量	p 值
fdi	0.0065	0.0754	0.9400
tech	22.7151 ***	4.9615	0.0000
agg	0.0856 **	2.0362	0.0436
hpp	−0.1887 *	−1.7444	0.0833
tra	0.2128 *	1.8818	0.0620
ecs	0.0111	0.1514	0.8799
res	−1.4799 *	−1.8084	0.0727
fis	0.4858	0.9031	0.3681
mari	0.4169 **	2.3709	0.0191
newp	−0.1833 ***	−4.1389	0.0001
er	0.3484 **	2.3979	0.0178
er2	−0.3186 *	−1.9095	0.0583
$R^2=0.9503$		log-likelihood=292.2474	

注：***、**、* 分别表示在 1%、5%、10% 的水平上显著。

可以看出，环境规制强度的一次项（*er*）对工业生态效率的影响显著为正，环境规制强度的二次项（er^2）对工业生态效率的影响显著为负。这同样表明环境规制与工业生态效率呈现明显的倒U型曲线关系。将工业生态效率对环境规制进行求导，得到导函数$\frac{deco_effi}{der}=2\beta_2\times er+\beta_1$，令导函数等于0，即可求出环境规制强度的拐点值$er=-\frac{\beta_1}{2\beta_2}$。根据回归系数$\beta_1$为0.3484，$\beta_2$为−0.3186，依据传统计量模型的估计结果，估算出最优环境规制强度为0.5468。

通过上述比较可以发现，考虑空间效应以后最优环境规制强度的拐点值更大一些。这说明如果仍然采用传统计量模型，忽视空间效应的存在，就有可能低估最优环境规制强度。从方法论的角度来看，由于存在空间效应，不满足传统计量模型中研究个体相互独立的前提假设，导致参数估计出现偏差。从博弈论和信息经济学的角度来看，由于环境规制具有外部性，省份之间的环境规制行为互相影响，从而导致工业生态效率存在空间效应。地方政府仅从自身出发，为了实现自身利益的最大化，非常容易陷入“囚徒困境”之中，导致地方政府选择的最优环境规制强度并不是全局最优，从而使环境规制强度维持在一个较低的水平。

6.5 本章小结

本章主要从空间效应的角度进行了实证研究。通过采用探索性空间数据分析方法，对环境规制与工业生态效率的空间相关性和空间分布特征进行了分析。通过构建计量模型进行回归分析，发现在环境规制策略互动的作用下，工业生态效率存在显著的空间效应。进一步地，本书分别依据空间计量模型和传统计量模型的估计结果，估算出了最优环境规制强度。在以工业生态效率作为衡量标准的情况下，考虑空间效应以后，最优环境规制强度要高于采用传统计量方法计算得出的估计值。根据本章的实证研究，主要得到以下研究结论：环境规制与工业生态效率呈现非线性关系；在环境规制策略互动的影响下，工业生态效率具有显著的空间效应；在不考虑空间效应的情况下，环境规制对工业生态效率影响的估计参数会出现偏差，地方政府选择的最优环境规制强度并不是全局最优，从而致使环境规制水平维持在较低值。

7 环境规制对工业生态效率影响的实证分析：基于环境规制工具的检验

在前面几章中，本书考察了环境规制影响工业生态效率的传导路径、二者的空间相关性以及空间视角下的最优环境规制强度。环境规制对工业生态效率的影响不仅取决于整体的环境规制强度，而且与具体的环境规制工具存在很大关系。本章将主要从环境规制工具的角度进行实证研究，得出相应的结论。

7.1 研究问题、指标选取与数据来源

7.1.1 问题提出

目前，我国已经形成命令控制型、市场激励型与公众参与型等多种环境规制工具相结合的环境规制体系。环境规制工具的不断演变与创新，体现了社会经济发展过程中减少环境污染与保护生态环境的现实需求。

首先，命令控制型环境规制在处理一些不可逆的环境问题，或者超过环境承载能力的问题时取得了很好的成效。但是，由于命令控制型环境规制过于刚性，对于企业来说，可能会对其经营效率造成损害，从而挫伤其进行环

保技术创新的积极性。在市场经济体制中，只有将环境规制与市场机制结合起来，才能充分发挥市场经济主体的环保积极性。随着市场经济的快速发展，迫切需要实施以市场机制为调节手段的市场激励型环境规制，对企业的排污行为加以引导。其次，以市场为基础的市场激励型环境规制借助市场信号，对市场经济主体施加弹性较大的经济约束，激励其降低排污水平，进而使社会的污染状况得到改善。最后，随着多媒体与互联网信息技术的普及，公众参与环境规制的渠道越来越多，方式也越发便捷，公众参与型环境规制对环境污染治理发挥着越来越重要的作用。

综上所述，不同的环境规制工具对经济主体的约束方式与激励机制存在较大差异，在改善工业生态效率上也会产生截然不同的效果。因此，本章将主要围绕环境规制工具对工业生态效率的影响是否具有较大差异性这一问题进行实证研究。

7.1.2 指标选取

环境规制可以分为命令控制型、市场激励型以及公众参与型环境规制三种。就命令控制型环境规制而言（com_er），常用的替代指标为地区颁发的环境标准个数（曾冰等，2016），但由于研究期内地区颁发的环境标准个数统计口径并不统一，因此借鉴马媛等（2015）的方法用地区环境行政处罚案件数量来衡量地区命令控制型环境规制的执法强度，并且为消除异方差进行了取对数处理。[①] 关于市场激励型环境规制（mar_er），本书参照了李斌和彭星（2013）的方法，用地区的排污费征收额占 GDP 的比重作为市场激励型环境规制的替代指标。[②] 公众参与型环境规制（pub_er）反映了公众参与环境管理的情况，本书借鉴黄清煌等（2016）的方法，将地区公众就环境问题上访的批次作为公众参与型环境规制的替代指标，并进行取对数处理。[③]

① 命令控制型环境规制的具体数据见附表 2。

② 市场激励型环境规制的具体数据见附表 3。

③ 公众参与型环境规制的具体数据见附表 4。

此外，模型中涉及的外商直接投资（*fdi*）、技术创新（*tech*、*newp*）、工业结构（*hpp*）、对外贸易（*tra*）、产业集聚（*agg*）、能源消费结构（*ecs*）、资源禀赋（*res*）、财政分权（*fis*）以及市场化指数（*mari*）等变量与第 6 章中的一致，在此不再赘述。

7.1.3 数据来源

对于模型中的被解释变量工业生态效率，采用 DEA 方法测算得出（具体过程见第 4 章）。排污费征收数量、环境行政处罚案件数量和公众就环境问题上访的批次三个指标的数据来源于《中国环境年鉴》；外商直接投资、对外贸易、产业集聚、资源禀赋、财政分权以及市场化指数的数据来源于《中国统计年鉴》；能源消费结构的数据来源于《中国能源统计年鉴》；技术创新的数据来源于《中国科技统计年鉴》；工业结构的数据来源于《中国工业统计年鉴》。由于西藏缺失数据较多，香港、澳门、台湾的相关数据难以获取到，因此本章依旧基于我国 30 个省份的数据进行实证分析。此外，由于排污费总额的统计口径不一致，2009 年只有排污费征收额，2014 年只有排污费解缴额，2016 年则没有排污费征收统计，因此限定了研究期间只能为 2010 年至 2015 年。以上各指标的描述性统计如表 7 - 1 所示。

表 7 - 1　指标描述性统计

变量	均值	中位数	最大值	最小值	标准差
eco_effi	0.4555	0.4336	1.0000	0.0795	0.2147
fdi	0.2989	0.1700	1.6394	0.0482	0.2855
tech	0.0152	0.0119	0.0608	0.0034	0.0109
newp	0.3917	0.2860	2.4377	0.0090	0.3201
hpp	0.5887	0.5340	1.1614	0.2428	0.1951
tra	0.2832	0.1375	1.4574	0.0152	0.3135
mar_er	3.7040	3.1259	17.3208	0.1613	2.5561

续表

变量	均值	中位数	最大值	最小值	标准差
com_er	3.2477	3.2105	4.5847	1.6721	0.5446
pub_er	3.0047	3.1242	3.8358	1.4314	0.4873
agg	1.7416	1.8358	2.5120	0.5798	0.3728
ecs	0.9629	0.9006	1.9917	0.1700	0.3989
res	5.2419	5.2285	5.6971	4.8583	0.1793
fis	0.8547	0.8505	0.9359	0.7528	0.0413
mari	0.7132	0.7340	0.8855	0.4401	0.0996

7.2　空间计量模型设定与检验

7.2.1　空间计量模型设定

与分析环境规制强度对工业生态效率的影响一致，在实证考察具体的环境规制工具对工业生态效率的影响时，也需要考虑到环境规制工具选择的策略互动与工业生态效率的空间相关性。因此，继续采用空间计量模型分析环境规制工具对工业生态效率的影响[①]，具体形式为：

$$\begin{aligned} eco\_effi_{it} = {} & c_0 + c_i + \rho \sum_j W_{ij} eco\_effi_{it} + \beta_1 ertool_{it} + \\ & \beta_2 ertool_{it}^2 + \beta_3 fdi_{it} + \beta_4 tech_{it} + \beta_5 newp_{it} + \\ & \beta_6 hpp_{it} + \beta_7 tra_{it} + \beta_8 agg_{it} + \beta_9 ecs_{it} + \\ & \beta_{10} res_{it} + \beta_{11} fis_{it} + \beta_{12} mari_{it} + \varepsilon_{it} \end{aligned} \tag{7-1}$$

$$\varepsilon_{it} = \lambda \sum_j W_{ij} \varepsilon_{it} + \mu_{it}$$

① 环境规制工具是实现环境规制目标的具体方式与手段，环境规制工具之间存在很高的关联性，为了避免引发严重的多重共线性问题，本书借鉴了大多数研究的做法，对各个环境规制工具进行单独检验（李斌和彭星，2013；黄清煌和高明，2016；张华，2016）。

式中，c_0 和 c_i 分别表示常数项和个体固定效应；$ertool_{it}$ 代表命令控制型、市场激励型以及公众参与型环境规制工具，模型之中还加入了它们的二次项 $ertool_{it}^2$①；fdi_{it} 表示外商直接投资；$tech_{it}$ 表示技术创新投入；$newp_{it}$ 表示技术创新产出；hpp_{it} 表示工业结构；tra_{it} 表示对外贸易；agg_{it} 表示产业集聚；ecs_{it} 表示能源消费结构；res_{it} 表示资源禀赋；fis_{it} 表示财政分权；mar_{it} 表示市场化水平；β_1、β_2……分别为变量的回归系数；ε_{it} 表示随机扰动项；ρ 和 λ 分别表示空间自回归系数和空间误差回归系数，如果 λ 为 0 则模型为空间自回归模型，如果 ρ 为 0 则模型为空间误差模型。

7.2.2 数据平稳性与模型检验

1. 平稳性检验

为了保证模型中样本数据的平稳性，需要进行平稳性检验，以免发生伪回归问题。本书采用 LLC 检验方法进行了平稳性检验，结果如表 7－2 所示。可以看出，回归模型中各个指标的检验统计量均通过了显著性检验，表明各个样本变量均为平稳序列。

表 7－2 平稳性检验结果

变量	statistic	prob.	检验结果
eco_effi	−28.0252	0.0000	平稳
fdi	−8.7821	0.0000	平稳
tech	−12.1677	0.0000	平稳
newp	−5.0994	0.0000	平稳
agg	−47.9718	0.0000	平稳
hpp	−5.4327	0.0000	平稳

① 为消除异方差的影响，对用环境行政处罚案件数量表示的命令控制型环境规制和用公众就环境问题上访的批次表示的公众参与型环境规制进行了取对数处理。

续表

变量	statistic	prob.	检验结果
tra	−10.1653	0.0000	平稳
ecs	−42.2479	0.0000	平稳
er	−8.5688	0.0000	平稳
er^2	−5.9399	0.0000	平稳
res	−8.3718	0.0000	平稳
fis	−57.8414	0.0000	平稳
mari	−16.1067	0.0000	平稳
mar_er	−9.1769	0.0000	平稳
mar_er^2	−15.1655	0.0000	平稳
com_er	−5.8351	0.0000	平稳
com_er^2	−5.6627	0.0000	平稳
pub_er	−51.0963	0.0000	平稳
pub_er^2	−38.0397	0.0000	平稳

2. 空间计量模型检验

空间计量模型的LM检验结果如表7-3所示。从表7-3中可以看出，对于命令控制型环境规制工具而言，LMLAG为7.9249，LMERR为3.1771，两者都通过了显著性检验，且LMLAG更显著；R_LMLAG为5.0563，也通过了显著性检验，而R_LMERR为0.3085，没有通过显著性检验。因此，在检验命令控制型环境规制工具的作用时，空间自回归模型更为适合。对于市场激励型环境规制工具而言，LMLAG为10.9273，LMERR为5.3000，LMLAG的显著性强于LMERR；R_LMLAG为5.8452，也通过了显著性检验，而R_LMERR为0.1729，没有通过显著性检验。因此，在检验市场激励型环境规制工具的作用时，也是空间自回归模型更为适合。同样，对于公众参与型环境规制工具而言，也是LMLAG的显著性强于LMERR，R_LMLAG通过5%的显著性检验，而R_LMERR没有通过显著性检验，这表明还是空间自回归模型更为适合。因此，最后采用空间自回归模型来检验环境规制工具的作用。

表 7-3　LM 检验结果

LM 检验	命令控制型环境规制的 LM 检验	
	LM 统计值	p 值
LMLAG	7.9249 ***	0.005
R_LMLAG	5.0563 **	0.025
LMERR	3.1771 *	0.075
R_LMERR	0.3085	0.579
LM 检验	市场激励型环境规制的 LM 检验	
	LM 统计值	p 值
LMLAG	10.9723 ***	0.001
R_LMLAG	5.8452 **	0.016
LMERR	5.3000 **	0.021
R_LMERR	0.1729	0.678
LM 检验	公众参与型环境规制的 LM 检验	
	LM 统计值	p 值
LMLAG	15.2999 ***	0.000
R_LMLAG	4.5790 **	0.032
LMERR	10.7796 ***	0.001
R_LMERR	0.0587	0.809

注：*** 、** 、* 分别表示在 1%、5%、10%的水平上显著。

7.3　模型估计结果与分析

表 7-4、表 7-5 和表 7-6 分别给出了不同类型的环境规制工具对工业生态效率的影响（为便于比较，空间误差模型的结果一并给出）。

从表 7-4 可以看出，命令控制型环境规制的一次项（com_er）对工业生态效率的回归系数为 0.2996（t=2.9677），二次项（com_er^2）的回归系数为−0.0360（t=−2.4929），表明命令控制型环境规制与工业生态效率呈现明显的倒 U 型曲线关系。当命令控制型环境规制强度低于拐点值时，工业生态效率随命令控制型环境规制的增强而提升，体现出“波特假说”效应；当命令控制型环境规制强度高于拐点值时，工业生态效率随命令控制型环境规制的增强而降低，体现出新古典理论的制约论。

表 7-4 命令控制型环境规制对工业生态效率的影响

变量	空间自回归模型			空间误差模型		
	回归系数	t值	p值	回归系数	t值	p值
fdi	0.0840	1.0969	0.2727	0.0845	1.1148	0.2649
tech	24.0245***	5.7507	0.0000	24.5451***	5.5672	0.0000
agg	0.1109***	2.8673	0.0041	0.1367***	3.2219	0.0013
hpp	−0.1936**	−2.0226	0.0431	−0.1655*	−1.6531	0.0983
tra	0.1842*	1.8455	0.0650	0.2149**	2.0550	0.0399
ecs	0.0680	0.9981	0.3183	0.0690	0.9952	0.3196
res	−0.9691	−1.2623	0.2069	−1.8151**	−2.0292	0.0424
fis	0.4392	0.9185	0.3583	0.1849	0.3464	0.7291
mari	0.2940*	1.8737	0.0610	0.2724*	1.6697	0.0950
newp	−0.1688***	−4.1684	0.0000	−0.1386***	−3.3929	0.0007
com_er	0.2996***	2.9677	0.0030	0.2455**	2.5373	0.0112
com_er^2	−0.0360**	−2.4929	0.0127	−0.0298**	−2.1560	0.0311
*W*dep.var.*	0.1990**	2.5476	0.0108	0.4060***	4.7755	0.0000

注：***、**、*分别表示在1%、5%、10%的水平上显著。

结合黄清煌和高明（2016）的研究，本书认为命令控制型环境规制只有维持在适度的水平，才能有利于工业生态效率的提升。究其原因，这与命令控制型环境规制的约束方式有关。由于命令控制型环境规制是通过设立与环境相关的法律、标准与规范，对企业的生产与排污行为进行约束，因而命令控制型环境规制具有刚性执行的要求，企业难以根据自身的实际情况进行动态调整，只能迫于法律的约束被迫执行。当命令控制型环境规制强度低于拐点值时，企业尚能通过采用新的技术、更新生产流程以及工艺等降低能源消耗与控制污染排放水平，进而促进工业生态效率的提升。当命令控制型环境规制强度高于拐点值时，企业应对命令控制型环境规制的能力越发有限，企业因遵循环境规制采取相应措施获得的收益不足以抵消环境规制导致的成本，从而使命令控制型环境规制对工业生态效率产生抑制效应。

命令控制型环境规制与工业生态效率呈现倒 U 型曲线关系得到验证，因此将工业生态效率对其进行求导，得到导函数$\frac{deco_effi}{dcom_er}=2\beta_2\times com_er+\beta_1$，令导函数等于 0，即可求出命令控制型环境规制的拐点值$com_er=-\frac{\beta_1}{2\beta_2}$。根据回归系数 β_1 为 0.2996，β_2 为－0.0360，可以计算出命令控制型环境规制的拐点值为 4.1611。除辽宁、黑龙江、浙江、北京、广东等少部分省份之外，其余省份的命令控制型环境规制都位于倒 U 型曲线的左边。本书计算出了各地区命令控制型环境规制的平均值（见附表 2）。如图 7－1 所示，东北地区命令控制型环境规制的平均值为 3.6444，东部地区的平均值为 3.4888，西部地区的平均值为 2.9307，中部地区的平均值为 3.2287，都没有达到倒 U 型曲线的拐点值。这说明，对于大部分省份而言，命令控制型环境规制强度都没有达到拐点值，不会对工业生态效率形成制约效应。

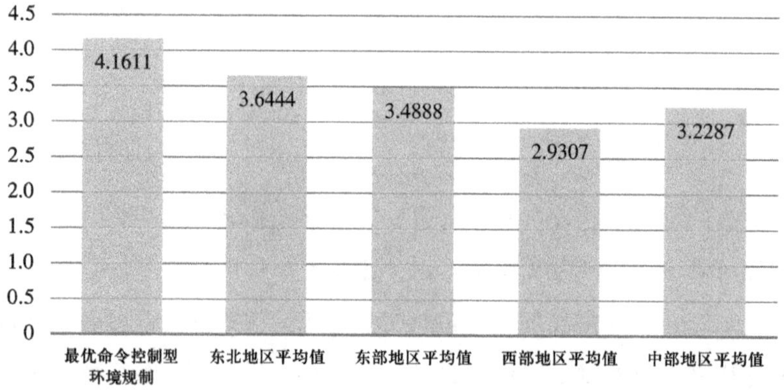

图 7－1　各地区命令控制型环境规制平均值与最优值比较

从表 7－5 可以看出，市场激励型环境规制的一次项（*mar_er*）对工业生态效率的回归系数为－0.0363（t＝－3.1478），二次项（mar_er^2）的回归系数为0.0018（t＝3.4099），表明市场激励型环境规制与工业生态效率呈现出明显的U型曲线关系。当市场激励型环境规制强度低于拐点值时，市场激励型环境规制与工业生态效率呈现负向关系，没能有效提升工业生态效率；当高于拐点值时，工业生态效率随市场激励型环境规制的增强而逐渐提升。

表7-5 市场激励型环境规制对工业生态效率的影响

变量	空间自回归模型			空间误差模型		
	回归系数	t值	p值	回归系数	t值	p值
fdi	0.1191	1.5100	0.1310	0.0913	1.1956	0.2319
tech	21.5267***	5.0699	0.0000	21.8724***	4.9313	0.0000
agg	0.1078***	2.7727	0.0056	0.1331***	3.1040	0.0019
hpp	－0.2040*	－1.9241	0.0543	－0.1855*	－1.7149	0.0864
tra	0.1845*	1.8372	0.0662	0.2006*	1.9142	0.0556
ecs	0.0844	1.2064	0.2277	0.0608	0.8735	0.3824
rcs	－3.2647***	3.7821	0.0002	－3.6300***	－3.7813	0.0002
fis	0.4507	0.9373	0.3486	0.2144	0.3955	0.6925
mari	0.3917**	2.4336	0.0150	0.3347**	2.0324	0.0421
newp	－0.1649***	－4.0187	0.0001	－0.1374***	－3.3318	0.0009
mar_er	－0.0363***	－3.1478	0.0016	－0.0263**	－2.2739	0.0230
mar_er^2	0.0018***	3.4099	0.0007	0.0014***	2.6458	0.0082
*W*dep.var.*	0.2299***	2.9586	0.0031	0.4400***	5.3463	0.0000

注：***、**、*分别表示在1%、5%、10%的水平上显著。

市场激励型环境规制主要是通过市场机制去引导企业进行技术改造，进而提高资源配置效率。本书认为当市场激励型环境规制处于较低水平时，通过市场机制来控制和治理环境污染的价格体系尚不完善，环境治理与经济运营没有形成良好的互动，此时市场激励型环境规制对工业生态效率形成负向效应；当市场激励型环境规制跨过拐点以后，市场机制下的环境价格体系得到进一步完善，企业能够以更加灵活多样的方式去控制和降低环境污染水平，此时市场激励型环境规制的生态效应凸显，有利于工业生态效率的提升。就目前而言，大部分省份的市场激励型环境规制位于U型曲线左边，市场激励型环境规制水平较低，只有当市场激励型环境规制跨过拐点以后，才能产生明显的生态效应。

市场激励型环境规制与工业生态效率呈现U型曲线关系得到验证，将工业生态效率对其进行求导，得到导函数$\frac{deco_effi}{dmar_er}=2\beta_2\times mar_er+\beta_1$，令导函数等于0，即可求出市场激励型环境规制的拐点值$mar_er=-\frac{\beta_1}{2\beta_2}$。根据回归系数$\beta_1$为－0.0363，$\beta_2$为0.0018，可以计算出市场激励型环境规制的拐点值为10.0833。除山西之外，其余省份的市场激励型环境规制均位于拐点值的左边。本书进一步计算出各地区市场激励型环境规制的平均值（见附表3）。如图7－2所示，东北地区市场激励型环境规制的平均值为3.7040，东部地区的平均值为2.2994，西部地区的平均值为4.4322，中部地区的平均值为4.7099，均与拐点值相差较远，尤以东部地区为甚。这说明，对于我国大多数省份而言，市场激励型环境规制的水平普遍偏低，并没有起到有效提升工业生态效率的作用。

从表7－6可以看出，公众参与型环境规制的一次项（pub_er）对工业生态效率的回归系数为－0.2590（t＝－2.1923），二次项（pub_er^2）的回归系数为0.0501（t＝2.2594），表明公众参与型环境规制与工业生态效率呈现明显的U型曲线关系。当公众参与型环境规制强度低于拐点值时，公众参与型环境规制对工业生态效率呈现负向作用；当高于拐点值时，公众参与型环境规制对工业生态效率具有积极的促进作用。

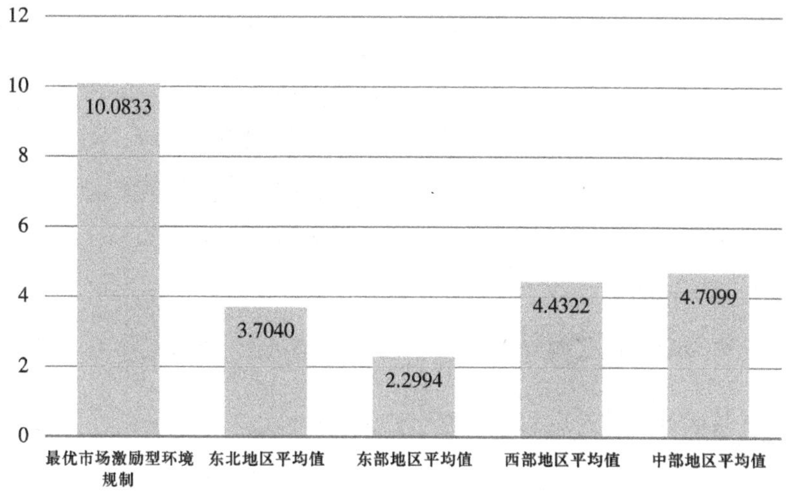

图 7-2 各地区市场激励型环境规制平均值与最优值比较

表 7-6 公众参与型环境规制对工业生态效率的影响

变量	空间自回归模型			空间误差模型		
	回归系数	t 值	p 值	回归系数	t 值	p 值
fdi	0.0245	0.3122	0.7549	0.0155	0.2105	0.8333
tech	23.0939 ***	5.3677	0.0000	21.1894 ***	4.7471	0.0000
agg	0.0870 **	2.2520	0.0243	0.1651 ***	3.7230	0.0002
hpp	−0.2281 **	−2.3051	0.0212	−0.1244	−1.2291	0.2190
tra	0.1363	1.3303	0.1834	0.1840 *	1.7314	0.0834
ecs	0.0228	0.3259	0.7445	0.0422	0.6091	0.5424
res	−1.9590 ***	−2.6099	0.0091	−3.2424 ***	−3.5307	0.0004
fis	0.4616	0.8458	0.3977	−0.3364	−0.5492	0.5828
mari	0.2684 *	1.6685	0.0952	0.2799 *	1.7228	0.0849
newp	−0.1885 ***	−4.5886	0.0000	−0.1228 ***	−3.0412	0.0024
pub_er	−0.2590 **	−2.1923	0.0284	−0.2367 **	−2.1667	0.0303
pub_er^2	0.0501 **	2.2594	0.0239	0.0448 **	2.1859	0.0288
W * *dep. var.*	0.2740 ***	3.5252	0.0004	0.6190 ***	9.4717	0.0000

注：***、**、* 分别表示在 1%、5%、10%的水平上显著。

两者之所以呈现出U型曲线关系，原因可能在于：当公众参与型环境规制处于较低水平时，公众参与型环境规制主要聚焦于少数给区域带来严重环境污染的高能耗、高污染行业，而这些行业对区域的经济发展具有重要作用，将会影响到区域的外商直接投资水平、技术创新水平等。而当公众参与型环境规制处于较高水平时，说明社会公众的环保意识与需求得到很大提高，对于命令控制型环境规制的制定和实施都具有重要作用，从而对提高工业生态效率产生积极效应。

公众参与型环境规制与工业生态效率也呈现U型曲线关系，将工业生态效率对其进行求导，得到导函数$\frac{deco_effi}{dpub_er}=2\beta_2\times pub_er+\beta_1$，令导函数等于0，即可求出公众参与型环境规制的拐点值$pub_er=-\frac{\beta_1}{2\beta_2}$。根据回归系数$\beta_1$为$-0.2590$，$\beta_2$为0.0501，可以计算出公众参与型环境规制的拐点值为2.5848。进一步地，本书计算出了各地区公众参与型环境规制的平均值（见附表4）。如图7-3所示，东北地区公众参与型环境规制的平均值为3.3437，东部地区的平均值为2.8870，西部地区的平均值为2.8660，中部地区的平均值为3.2854，反映出大部分省份的公众参与型环境规制都跨过了拐点，位于U型曲线的右边。这说明，随着公众参与型环境规制的加强，公众在环境管理中的主体作用得到了有效发挥，对工业生态效率具有促进作用。

关于其他控制变量：外商直接投资对工业生态效率的作用为正；技术创新方面，技术创新投入的作用显著为正，但是技术创新产出的作用显著为负，表明虽然环境规制能够有效刺激企业加大研究与开发经费的投入，但是要警惕技术创新的回弹效应；工业结构的作用显著为负，工业结构优化对改善工业生态效率有积极作用；对外贸易的作用为正；能源消费结构的作用为正，但没有通过显著性检验，说明其不是影响工业生态效率的重要因素；产业集聚的作用为正，说明产业集聚发展有利于工业生态效率提升；资源禀赋

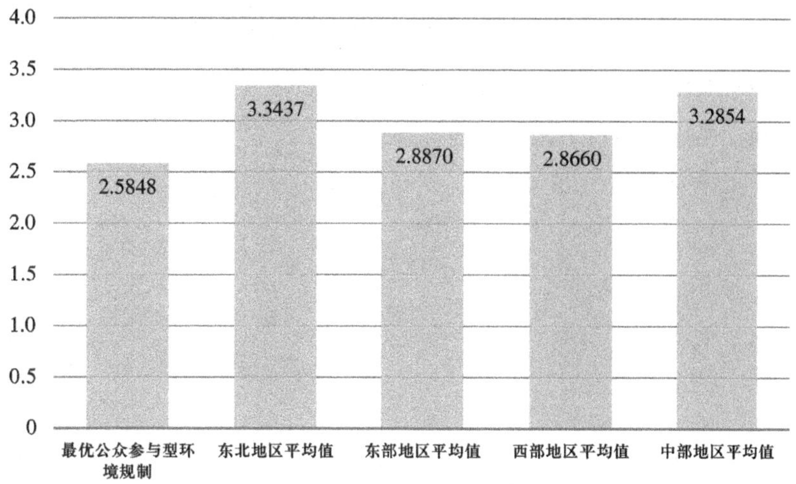

图 7－3　各地区公众参与型环境规制平均值与最优值比较

的作用为负，说明存在资源诅咒现象，命令控制型环境规制有利于抑制资源诅咒效应；财政分权没有降低工业生态效率，说明随着环境规制的加强，区域绿色考核机制正在逐步形成；市场化指数的作用显著为正，说明市场化发展促进了工业生态效率的提升。

7.4　本章小结

本章主要从环境规制工具的角度，实证检验了不同类型的环境规制工具对工业生态效率的影响。目前，我国已经形成以命令控制型环境规制和市场激励型环境规制为主、公众参与型环境规制为辅的环境规制体系。实证结果显示，环境规制工具对工业生态效率的影响具有较大的差异性。表现为：命令控制型环境规制与工业生态效率呈现倒 U 型曲线关系，除少数省份迈过了倒 U 型曲线的拐点之外，其余省份的命令控制型环境规制仍然处于曲线左边，仍然对工业生态效率具有促进作用，没有形成抑制效应；市场激励型环境规制与工业生态效率呈现 U 型曲线关系，大部分省份的市场激励型环境规制仍然处于拐点值的左边，没能起到改善工业生态效率的作用；公众参与型环境规制也与工业生态效率呈现U型曲线关系，大多数省份的公众参与型环境规制位于U型曲线右边，这反映出公众在环境管理中的主体作用得到有效发挥，能够有效提升工业生态效率。

8 研究结论、政策建议与研究展望

8.1 主要研究结论

根据本书的研究，主要得到以下几点结论。

1. 我国工业生态效率整体水平偏低，区域差异较大，且空间分布具有一定的规律性

我国工业生态效率整体水平偏低，2010 年的平均值仅为 0.433，2015 年仅为 0.493。从各个省份的动态发展趋势来看，大部分省份的工业生态效率在逐渐改善，但省份差异较大；从每年工业生态效率的省份均值来看，工业生态效率呈现上升趋势；从研究期间每个省份的年均值来看，排名前五位的为北京、广东、天津、上海、浙江等东部省份，排名后五位的为青海、贵州、新疆、云南、宁夏等西部省份。研究期间工业生态效率的变异系数值一直在 0.44 以上，说明省份之间工业生态效率的差异较为明显。

从工业生态效率的地区差异来看，我国四大地区的工业生态效率排序依次为东部地区、东北地区、中部地区、西部地区。东部、中部和西部地区的工业生态效率逐渐上升，而东北地区的工业生态效率则先上升后下降。通过聚类分析和空间四分位图发现，工业生态效率在空间上的分布具有明显的规律性。整体上而言，工业生态效率高的省份主要位于东部沿海地区，而工业生态效率较低的省份则大多数位于中西部地区，我国工业生态效率呈现出自西向东逐渐提高的空间格局。

2. 环境规制对工业生态效率的影响存在中介效应

理论上，环境规制可能通过外商直接投资、技术创新、工业结构以及对外贸易等传导路径对工业生态效率产生影响。通过中介效应模型实证检验发现，环境规制对各个传导变量均具有显著影响，外商直接投资、技术创新、工业结构与对外贸易四条传导路径均满足中介效应成立的条件，在环境规制与工业生态效率的关系中发挥了中介效应的作用。

3. 环境规制与工业生态效率存在非线性关系

研究发现，环境规制与传导变量即外商直接投资、技术创新、工业结构以及对外贸易均存在非线性关系，预示着存在最优的环境规制强度。通过空间计量模型回归发现，环境规制强度的一次项回归系数显著为正，二次项回归系数显著为负，环境规制与工业生态效率呈倒 U 型曲线关系得到验证。根据回归结果，本书计算得出最优的环境规制强度为 0.5715。目前大多数省份的环境规制强度都与最优值存在差距，位于倒 U 型曲线左边，因此环境规制强度有待加强。

4. 工业生态效率存在较强的空间效应

区域之间存在环境规制策略互动行为。通过探索性空间数据分析方法发现，区域的排污费征收数量、环境行政处罚案件数量、公众就环境问题上访的批次等与工业生态效率存在不可忽略的空间效应。进一步地，从 2010 年到 2015 年，综合环境规制强度与工业生态效率的空间相关性逐渐增强，两者的全局 Moran's I 指数从不显著发展为显著，反映出两者具有较强的空间相关性。通过空间计量模型研究发现，工业生态效率空间滞后项的回归系数为 0.1920，通过了显著性检验，表明工业生态效率在策略互动的作用下存在明显的空间效应。

本书分别运用两种计量模型对最优环境规制强度进行了估算，发现依据传统计量模型计算得出的最优环境规制强度为0.5468，而依据空间计量模型计算得出的最优环境规制强度为0.5715，可见在空间效应约束下算出的最优值要大于通过传统计量模型得出的最优值。因此，由于空间效应的存在，将会导致地方政府选择的环境规制强度低于最优值。

5. 不同类型的环境规制工具对工业生态效率的影响具有较大的差异

环境规制工具对工业生态效率的影响存在差异性。其中，命令控制型环境规制与工业生态效率呈现倒U型曲线关系，大部分省份的命令控制型环境规制位于曲线左边，有利于工业生态效率的改善；市场激励型环境规制与工业生态效率呈现U型曲线关系，大部分省份的市场激励型环境规制位于曲线左边，没能起到改善工业生态效率的作用；公众参与型环境规制与工业生态效率呈现U型曲线关系，大部分省份的公众参与型环境规制位于曲线右边，有利于工业生态效率的提升。

8.2 相关政策建议

8.2.1 完善环境规制政策的建议

1. 建立环境规制的配套政策体系

本书运用中介效应模型进行实证研究发现，环境规制在治理环境污染的同时，还会对外商直接投资、技术创新、工业结构以及对外贸易产生影响。其中外商直接投资、技术创新、工业结构与对外贸易作为传导变量，有效地发挥了中介效应。基于对传导机制的分析，可以发现环境规制的绩效水平与传导变量能否发挥中介效应具有重要关系。与此同时，对于地方政府而言，环境规制是一个非常复杂的决策问题，一旦实施就会对经济社会的方方面面产生重要影响。环境规制不恰当，不仅不利于生态环境保护，而且影响经济发展。

通过构建相应的配套政策体系，可以起到两方面的作用：一是可以抵消环境规制对经济所造成的负面影响，减轻实施环境规制的阻力；二是可以充分发挥传导变量的中介效应，有效提升环境规制的绩效水平。例如，通过制定合适的外资引进政策，转换引资思路，加大对环境友好型外商直接投资企业的政策倾斜力度，可以有效避免环境规制对外商直接投资的负向效应。同时，有助于提高环境友好型外资的引进比例，优化外商直接投资结构，以及充分利用外商直接投资的绿色溢出效应。通过能源税收政策的改革与价格补贴政策，可以形成绿色环境技术创新的激励机制。通过制定相应的产业政策，可以加速淘汰落后产能，促进绿色新兴产业发展，优化工业内部结构。通过完善对外贸易中的环境立法，可以调整贸易商品结构。

因此，应建立和完善与环境规制相配套的政策体系，减少环境规制对经济发展所造成的影响，并充分发挥传导变量的中介效应，以此提升环境规制的有效性。

2. 加强环保绩效考核，优化地方政府绩效考核方式

对地方政府执政绩效进行评估时实行的唯GDP考核机制是环境污染问题产生的重要原因之一。例如，在大多数情况下，地方政府即便知道发展重化工业会带来严重的环境污染问题，但是出于刺激经济增长的需要，也会毫不犹豫地发展重化工业，而不会加大环境规制的力度。通过本书的研究，估算出最优的环境规制强度为0.5715，而事实上东北地区的平均环境规制强度为0.3523，东部地区仅为0.1805，西部地区仅为0.1531，中部地区仅为0.1590，也就是说，绝大多数省份的环境规制强度都与最优的环境规制强度相差甚远。究其原因在于，环境规制具有很强的波及效应，对经济发展具有较强的冲击。

本书研究表明，随着环境规制的实施，环境规制在发挥生态效应的同时也会通过成本投入、技术创新、企业进入壁垒、产业竞争优势等渠道对其他经济变量产生影响。地方政府往往容易陷入发展经济与保护生态环境的两难境地。而在经济绩效考核机制下，地方政府为了寻求政绩，往往会选择性地忽视环境规制对生态环境保护的积极作用，更加倾向于发展经济。因此，无论是在环境规制政策的制定方面还是执行方面，地方政府都缺乏积极性，对于中央政府的环境规制制度也存在执行不充分、不完全、不彻底的现象。与此同时，区域之间在环境规制上存在示范效应与竞争效应，经济绩效考核机制会导致区域之间为了争夺资源、获取竞争优势而产生环境规制的逐底竞争行为。

因此，通过优化地方政府绩效考核方式，加强环保绩效等指标的考核，有利于提高地方政府实施环境规制的积极性，进而将环境污染问题内化为地方政府的执政成本，使环境污染治理的绩效考核对其政绩提升形成内在压力，弱化经济增长绩效对地方政府考核的作用。

优化地方政府绩效考核机制对转变经济增长方式、提高地方政府环保执行力具有重要意义，并且有助于充分利用区域之间的示范效应与竞争效应，使区域环境规制行为朝着有利于控制和治理环境污染的方向发展，促使区域环境规制的逐底竞争向逐顶竞争转变。

3. 打破空间限制，建立区域环境协同治理机制

本书研究表明，在环境规制策略互动的作用下，工业生态效率具有明显的空间效应。从客观角度来讲，这是由于环境污染物具有空间上的外溢性；从主观角度来讲，在统一的晋升激励机制下，环境规制的示范效应与竞争效应并存，地方政府具有主观能动性，会根据其他区域的环境规制情况进行调整。无论基于哪个角度，都对区域之间进行环境规制协作、环境协同治理提出了内在要求。本书运用空间计量模型测算的最优环境规制强度为0.5715，明显高于用传统计量模型测算得出的最优环境规制强度0.5468。空间效应的存在导致地方政府陷入环境规制的“囚徒困境”之中，是环境规制强度偏低的重要原因。因此，区域自身单打独斗和各自为政会使环境污染治理和生态环境保护的效果大打折扣。建立区域环境协同治理机制，实现对生态环境问题的区域协同治理，可以从以下几个方面做起。

一是构建区域环境协同治理的法律制度。由于环境污染物具有空间上的外溢性，很多跨区域环境问题无人管、不想管的现象频发，单一行政区环境治理的方式与环境污染外部性之间的矛盾日益凸显。区域环境协同治理需要以健全的法律体系和统一的环境规制标准来保障，例如，通过生态环境补偿法合理分配环境保护成本和环境保护责任，为地方政府之间的环境管理合作提供法律依据，形成有约束力的合作机制，避免区域为了利益竞争走向“囚徒困境”。

二是建立区域环境协同治理的协调机制。首先，建立环境信息分享机制。区域环境协同治理需要有效的信息互动，搭建区域环境规制交流与沟通机制，不仅有利于区域环境污染问题的预控，减少治理成本，而且有利于环境规制经验、方法、制度以及环保技术的推广与扩散，发挥区域环境规制的示范效应。其次，建立开放式的环境规制政策制定模式。既然环境规制不单单属于区域局部性问题，那就应该站在全局的角度，通过开放的方式让更多的区域成员参与到环境规制政策的制定中，提高政策制定的质量，进而切实增强政策执行的效果。最后，建立有效的区域合作组织形式，形成区域协同治理的长效机制。

三是建立统一的环境信息监测与信息共享平台，对环境污染进行统一监测、统一评估、统一监管。

虽然目前我国生态环境问题的区域协同治理尚处于初级阶段，但从西方发达国家的经验来看，区域协同治理对改善环境污染与保护生态环境具有重要意义。

4. 完善环境规制制度与监管机制

根据本书的研究分析，环境规制是解决生态环境污染问题的重要途径之一。无论是出于保护生态环境的目的，还是出于工业经济可持续发展的需求，都需要不断完善环境规制制度与管理体制。在环境规制的实施过程中，环境规制制度不完善、规制体系不健全、政策执行不到位、规制绩效不高，是导致环境污染较为严重的重要原因。目前，我国工业生态效率整体处于较低的水平，因此对环境规制制度与管理体制都提出了较高的要求。针对我国工业生态效率整体较低的情况，亟须进一步完善现行的环境规制法律制度，通过实行严格的法律制度保护生态环境。同时，需要建立完善的环境监管机制，提高环境规制的执行水平。

8.2.2 优化环境规制工具的建议

1. 强化行政监管力度，适当提高命令控制型环境规制强度并将其维持在合理区间

从我国环境规制和环境规制工具的发展历程来看，命令控制型环境规制曾占据着重要地位，并对控制环境污染发挥了重要作用。在工业化初期，经济增长方式较为粗放，石油、煤炭、采掘以及金属冶炼等重化工业占了很大比例，市场机制相对欠缺，难以通过市场信息反映环境规制的需求，只能通过政府制定的法律、法规、政策与制度解决环境污染问题。但是命令控制型环境规制工具具有高成本、低效率与低激励的特点，并且命令控制型环境规制如果过于严格，超出企业的承受范围，会对经济发展造成冲击，对区域的产业发展与技术创新等产生影响，导致发展停滞，提升工业生态效率和保护生态环境也就无从谈起。

本书实证研究表明，命令控制型环境规制与工业生态效率呈现倒U型曲线关系，拐点值为4.1611。实践中，东北地区的平均值为3.6444，东部地区的平均值为3.4888，西部地区的平均值为2.9307，中部地区的平均值为3.2287，也就是说，大部分省份命令控制型环境规制的强度与最优值都还有一定距离。这说明地方政府在制定相关政策时，不用过于担心命令控制型环境规制的制约效应，可以适当提高命令控制型环境规制的强度。政府通过实行限期治理、关停并转等强制措施，可以促进企业落实节能减排政策，顺利淘汰落后产能、高能耗的污染密集型企业。但这也并不意味着可以盲目提高命令控制型环境规制强度，而是应该将其维持在拐点值之前的合理区间。通过实施适当的命令控制型环境规制，不仅能有效减少政府失灵和企业寻租行为，而且有利于从根源上改变粗放型的发展模式，遏制资源的过度消耗和环境污染，提高社会福利水平。

2. 大力提升市场激励型环境规制强度，激发市场机制对环境保护的调节作用

从实证研究结果来看，市场激励型环境规制与工业生态效率呈现U型曲线关系。市场激励型环境规制的拐点值为10.0833，而东北地区的平均值仅为3.7040，东部地区仅为2.2994，西部地区仅为4.4322，中部地区仅为4.7099，与拐点值的差距相当大。市场激励型环境规制只有迈过了拐点才能起到改善工业生态效率的作用。当市场激励型环境规制处于较低水平时，不足以对企业的生产成本形成较大压力，难以起到提升工业生态效率的作用。政府在制定相关政策时，需要转变管制观念和创新思维方式，进一步加大市场激励型环境规制的力度。应更多地依靠产业政策创新、技术创新，以及市场机制的资源配置和竞争功能，充分发挥市场机制的力量控制环境污染和保护生态环境，使环境规制方式逐步从命令控制型环境规制为主向市场激励型环境规制为主转变。因此，本书提出以下建议。

一是加强市场激励型环境规制相关政策的执行力度。借助市场信号对企业的排污行为进行引导，激励企业做出有利于保护生态环境的决策。在市场激励型环境规制的作用下，企业的合规成本通常与污染排放水平正相关。基于利润最大化的发展目标，企业会尽可能地寻求减少环境污染的途径。因此，市场激励型环境规制能否发挥生态效应，关键在于对企业的激励作用。

二是适时地推动市场激励型环境规制由收取排污费向收取环境税转换，完善与市场机制相适应的环境规制政策，逐步提高工业节能减排的效率，促进产业结构转型升级，提升工业生态效率。

三是建立健全相应的法律保障制度，例如，构建绿色创新的专利保护制度，明确和保护绿色创新技术的产权，激发企业开展环保技术创新的积极性，增强创新动力，为实施市场激励型环境规制创造有利条件。

3. 继续完善公众参与型环境规制，充分发挥公众在环境保护中的舆论监督作用

本书的实证研究表明，公众参与型环境规制与工业生态效率呈现U型曲线关系。公众参与型环境规制的拐点值为2.5848，东北地区的平均值为3.3437，东部地区为2.8870，西部地区为2.8660，中部地区为3.2854。大部分省份的公众参与型环境规制都跨过了拐点，说明公众参与型环境规制对于进一步提升工业生态效率和保护生态环境具有重要作用。因此，在制定环境规制相关政策时，应该继续强化公众参与型环境规制，充分发挥公众在环境污染控制中的社会主体作用。

一是要加大宣传教育，提高公众参与度，提升公众环保意识。例如，通过广泛开展节能环保宣传教育，大力举行环保公益活动，促进社会公众对环保知识以及法律的了解，激发公众的社会责任感，使公众参与环境保护的自觉性与积极性得到提高。

二是要完善公众参与环境保护的法律制度。2015年，我国通过了《环境保护公众参与办法》，明确提出了要促进环境保护公众参与依法有序发展。因此，地方政府要结合自身的实际发展情况，进一步完善公众参与环境保护的法规体系，明确公众参与环境保护的程序与方式，保障公众参与环境保护的权利，同时搭建公众参与环境保护的平台，保障公众参与环境保护的渠道畅通。

三是要完善信息公开制度，通过政策文件、政府网站、电视、信息公开栏以及发布会等渠道及时准确地公开环境相关信息，确保公众对环境信息的知情权。只有不断强化信息公开工作，公众才能获取充分的环境信息，更好地发挥舆论监督作用，更好地参与环境保护工作。

4. 优化环境规制工具组合

本书的实证研究显示，命令控制型环境规制与工业生态效率呈现倒U型曲线关系，大多数省份的命令控制型环境规制水平还没有达到最优值；而市场激励型与公众参与型环境规制均与工业生态效率呈现显著的U型曲线关系，其中大部分省份的市场激励型环境规制位于曲线左边，公众参与型环境规制位于曲线右边。这说明环境规制工具对工业生态效率的影响具有较大的差异性。

我国地域广阔，各个区域的资源禀赋、产业结构、市场化程度、对外开放水平等方面都存在很大差异，因而环境规制政策的适用性并不相同。地区需要加强区域发展战略与环境规制目标之间的协同对接，因地制宜，选取与自身实际情况相符合的环境规制工具和恰当的环境规制强度。

对于工业生态效率较高的东部地区，在适度提高命令控制型环境规制强度的同时，应更多地通过市场激励型环境规制去刺激技术创新，促进环保技术在企业之间的扩散，加快产业调整与产业升级，同时完善公众参与环境保护的渠道。

对于工业生态效率较低的西部地区，应更多地实行命令控制型环境规制政策，防止高污染产业的过度集中，同时政府要加大环保资金投入力度以及对环保产业的扶持力度，引导公众参与环境保护。

总之，环境规制政策的侧重点不尽相同，应恰当选取环境规制手段与强度，合理规划环境规制成本，注重多种环境规制工具的配套使用，不断加强环境规制工具的优化与创新，从而有效提高区域的生态环境质量。

8.3 研究展望

本书立足于已有研究和理论，对环境规制影响工业生态效率的传导机制、二者的空间自相关性进行了检验，并运用空间计量模型对环境规制与工业生态效率的非线性关系和最优环境规制强度进行了测量，还对环境规制工具的差异性进行了实证分析。虽然本书具有一定的创新性，但仍存在不足之处，有待深入研究。

（1）完善工业生态效率的测算指标体系。由于数据搜集的局限性，本书研究与大多数文献一致，主要考虑了废水、废弃与固体废弃物等指标，未来研究中需要进一步考虑如何建立一个更加完善与可行的工业生态效率测算指标体系。

（2）选取更为科学的环境规制工具替代指标，分析环境规制对工业生态效率的影响。例如，本书选取了公众就环境问题上访的批次作为公众参与型环境规制的替代指标，但是很明显，公众参与环境规制的渠道日益丰富，仅选此一种指标很可能低估公众在环境规制中的主体作用，因此如何选择更有代表性的替代指标需要进一步研究。

（3）未来研究可从环境规制策略互动的博弈过程方面进行拓展。本书对环境规制策略互动下工业生态效率的空间效应进行了检验，但是对于区域之间在制定环境规制政策时是如何博弈的、受哪些因素影响等问题并没有进行具体分析，下一步可以引入博弈论对地方政府的策略互动行为进行深入研究。

参考文献

[1] Aigner D, Lovell C A K, Schmidt P. Formulation and Estimation of Stochastic Frontier Production Function Models [J]. Journal of Econometrics, 1977, 6 (1): 21-37.

[2] Amagai H. Environmental Regulation and Competitive Strategy: Review of the Porter Hypothesis [J]. Soka Keiei Ronshu, 2007, 31 (2): 23-33.

[3] Anselin L, Bera A. Spatial Dependence in Linear Regression Models with an Introduction to Spatial Econometrics [J]. Revue Déconomie Industrielle, 1998: 19-44.

[4] Anselin L, Florax R J G M. New Directions in Spatial Econometrics [M]. Berlin: Springer, 1995.

[5] Anselin L, Smirnov O. Efficient Algorithms for Constructing Proper Higher Order Spatial Lag Operators [J]. Journal of Regional Science, 2006, 36 (1): 67-89.

[6] Anselin L, Syabri I, Smirnov O. Visualizing Multivariate Spatial Correlation with Dynamically Linked [J]. University of California, Santa Barbara, CD-ROM, 2002.

[7] Anselin L. An Introduction to Spatial Autocorrelation Analysis with GeoDa [J]. Spatial Analysis Laboratory, 2003.

[8] Anselin L. Spatial Econometrics: Methods and Models [M]. Dordrecht: Kluwer Academic, 1988.

[9] Barbagutiérrez Y, Adensodíaz B, Lozano S. Eco-Efficiency of Electric and Electronic Appliances: A Data Envelopment Analysis (DEA) [J]. Environmental Modeling & Assessment, 2008, 14 (4): 439 - 447.

[10] Baron D P, Mayerson R B. Regulating a Monopolized with Unknown Cost [J]. Economics, 1982: 9 - 11.

[11] Baron R M, Kenny D A. The Moderator-Mediator Variable Distinction in Social Psychological Research: Conceptual, Strategic, and Statistical Considerations [J]. Journal of Personality and Social Psychology, 1986, 51 (6): 1173.

[12] Becker G S. A Theory of Competition Among Pressure Groups for Political Influence [J]. Quarterly Journal of Economics, 1983, 98 (3): 371 - 400.

[13] Bentley A F. The Process of Government [M]. Chicago: University of Chicago Press, 1908.

[14] Bera A K, Yoon M J. Specification Testing with Locally Misspecified Alternatives [J]. Econometric Theory, 1993, 9 (4): 649 - 658.

[15] Blackman A, Kildegaard A. Clean Technological Change in Developing Country Industrial Clusters: Mexican Leather Tanning [J]. Environmental Economics and Policy Studies, 2010, 12 (3): 115 - 132.

[16] Brock W A, Taylor M S. The Green Solow Model [J]. Journal of Economic Growth, 2010, 15 (2): 127 - 153.

[17] Brueckner J K. Strategic Interaction Among Governments: An Overview of Empirical Studies [J]. International Regional Science Review, 2003, 26 (2): 175 - 188.

[18] Burridge P. On the Cliff-Ord Test for Spatial Correlation [J]. Journal of

the Royal Statistical Society, 1980, 42 (1): 107 - 108.

[19] Carson R. Silent Spring [M]. Boston, Mass. : Houghton Mifflin, 1962.

[20] Charnes A W, Cooper W W, Rhodes E L. Measuring Efficiency of Decision-Making Units [J]. European Journal of Operational Research, 1979, 2 (6): 429 - 444.

[21] Cliff A D, Ord J K. Spatial Processes: Models & Applications [J]. Quarterly Review of Biology, 1982 (37): 963.

[22] Coase R H. The Federal Communications Commission [J]. Journal of Law and Economics, 1959 (2): 1 - 40.

[23] Cole M A, Elliott R J R, Shimamoto K. Industrial Characteristics, Environmental Regulations and Air Pollution: An Analysis of the UK Manufacturing Sector [J]. Journal of Environmental Economics & Management, 2005, 50 (1): 121 - 143.

[24] Copeland B R, Taylor M S. The Trade-Induced Degradation Hypothesis [J]. Resource & Energy Economics, 1997, 19 (4): 321 - 344.

[25] Côté R, Booth A, Louis B. Eco-Efficiency and SMEs in Nova Scotia, Canada [J]. Journal of Cleaner Production, 2006, 14 (6 - 7): 542 - 550.

[26] Dahlström K, Ekins P. Eco-Efficiency Trends in the UK Steel and Aluminum Industries [J]. Journal of Industrial Ecology, 2010, 9 (4): 171 - 188.

[27] Dasgupta S, Laplante B, Wang H, et al. Confronting the Environmental Kuznets Curve [J]. Journal of Economic Perspectives, 2002, 16 (1): 147 - 168.

[28] De Azevedo A M M, Pereira N M. Environmental Regulation and Innovation in High-Pollution Industries: A Case Study in a Brazilian Refinery [J]. International Journal of Technology Management &

Sustainable Development, 2010, 9 (2): 133-148.

[29] Demsetz H. The Cost of Transacting [J]. The Quarterly Journal of Economics, 1968, 82 (1): 33-53.

[30] Downs A. An Economic Theory of Political Action in a Democracy [J]. Journal of Political Economy, 1957, 65 (2): 135-150.

[31] Figge F, Hahn T. Sustainable Value Added—Measuring Corporate Contributions to Sustainability Beyond Eco-Efficiency [J]. Ecological Economics, 2004, 48 (2): 173-187.

[32] Gray W B, Shadbegian R J. Pollution Abatement Costs, Regulation, and Plant-Level Productivity [R]. National Bureau of Economic Research, 1995.

[33] Grossman G M, Krueger A B. Economic Growth and the Environment [J]. NBER Working Papers, 1995, 110 (2): 353-377.

[34] Groves T. Incentives in Teams [J]. Econometrica, 1973, 41 (4): 617-631.

[35] Hoffrén J. Measuring the Eco-Efficiency of Welfare Generation in a National Economy [D]. Tampere: Tampere University, 2001.

[36] Hsiao C. Analysis of Panel Data [M]. 2nd ed. Cambridge: Cambridge University Press, 2003.

[37] Hurwicz L. On Informationally Decentralized Systems [M] -//McGuire C B, Radner R. Decision and Organization: A Volume in Honor of Jacob Marschak, Minnesota: University of Minnesota Pr, 1972.

[38] Jorgenson D W, Wilcoxen P J. Environmental Regulation and U. S. Economic Growth [J]. Rand Journal of Economics, 1990, 21 (2): 314-340.

[39] Keeble B R. The Brundtland Commission: Environment and Development to the Year 2000 [J]. Med War, 1987, 3 (3): 207-210.

[40] Konisky D M. Regulatory Competition and Environmental Enforcement: Is There a Race to the Bottom? [J]. American Journal of Political Science, 2007, 51 (4): 853 - 872.

[41] Krugman P. Increasing Returns and Economic Geography [J]. Journal of Political Economy, 1991, 99 (3): 483 - 499.

[42] Kuosmanen T, Kortelainen M. Measuring Eco-Efficiency of Production with Data Envelopment Analysis [J]. Journal of Industrial Ecology, 2005, 9 (4): 59 - 72.

[43] Laplante B, Rilstone P. Environmental Inspections and Emissions of the Pulp and Paper Industry in Quebec [J]. Journal of Environmental Economics and Management, 1996 (1): 19 - 36.

[44] Lee J, Veloso F M, Hounshell D A. Linking Induced Technological Change, and Environmental Regulation: Evidence from Patenting in the U. S. Auto Industry [J]. Research Policy, 2011, 40 (9): 1240 - 1252.

[45] Markusen J R, Morey E R, Olewiler N. Competition in Regional Environmental Policies When Plant Locations Are Endogenous [J]. Journal of Public Economics, 1995, 56 (1): 55 - 77.

[46] Marshall A. Principles of Economics [M]. London: Macmillan, 1920.

[47] Maxime D, Marcotte M, Arcand Y. Development of Eco-Efficiency Indicators for the Canadian Food and Beverage Industry [J]. Journal of Cleaner Production, 2006, 14 (6 - 7): 636 - 648.

[48] Meadows D L, Randers J. Adding the Time Dimension to Environmental Policy [J]. International Organization, 1972, 26 (2): 213 - 233.

[49] Mickwitz P, Melanen M, Rosenström U, et al. Regional Eco-Efficiency Indicators—A Participatory Approach [J]. Journal of Cleaner Production, 2006, 14 (18): 1603 - 1611.

[50] Moll S. Making Sustainability Accountable [M]. European Environment

Agency, 1999.

[51] Muradian R, Martinez-Alier J. Trade and the Environment: From a 'Southern' Perspective [J]. Ecological Economics, 2001, 36 (2): 281-297.

[52] Nadeau L W. EPA Effectiveness at Reducing the Duration of Plant-Level Noncompliance [J]. Journal of Environmental Economics and Management, 1997, 34 (1): 54-78.

[53] OECD. Eco-Efficiency [R]. Paris, France, 1998.

[54] Olson M, Zeckhauser R. An Economic Theory of Alliances [J]. Review of Economics & Statistics, 1966, 48 (3): 266-279.

[55] Pace R K, Barry R. Sparse Spatial Autoregressions [J]. Statistics & Probability Letters, 1997, 33 (3): 291-297.

[56] Panayotou T. Demystifying the Environmental Kuznets Curve: Turning a Black Box into a Policy Tool [J]. Environment and Development Economics, 1997 (2): 465-484.

[57] Park J, Ok H, Cha K, et al. Tackling Challenges in Measuring and Communicating Eco-Efficiency [C]. IEEE International Symposium on Electronics and the Environment, 2006: 276-280.

[58] Peltzman S. The Effects of Automobile Safety Regulation: Reply [J]. Accident Analysis & Prevention, 1976, 8 (2): 139-142.

[59] Picazo-Tadeo A J, Gómez-Limón J A, Reig-Martínez E. Assessing Farming Eco-Efficiency: A Data Envelopment Analysis Approach [J]. Journal of Environmental Management, 2011, 92 (4): 1154-1164.

[60] Pigou A C. The Economics of Welfare [M]. London: Macmillan, 1924.

[61] Porter M E, Linde C V D. Green and Competitive: Ending the Statement [J]. Harvard Business Review, 1995, 73 (5): 120-134.

[62] Rees W E. Ecological Footprints and Appropriated Carrying Capacity: What

Urban Economics Leaves Out [J]. Focus, 1992, 6 (2): 121 - 130.

[63] Posner R A. Theories of Economic Regulation [J]. Bell Journal of Economics & Management Science, 1974, 5 (2): 335 - 358.

[64] Revelli F. On Spatial Public Finance Empirics [J]. International Tax and Public Finance, 2005, 12 (4), 475 - 492.

[65] Rosano-Peña C, Daher C E. The Impact of Environmental Regulation and Some Strategies for Improving the Eco-Efficiency of Brazilian Agriculture [J]. Decision Models in Engineering and Management, 2015: 295 - 322.

[66] Samuelson P A. The Pure Theory of Public Expenditure [J]. Review of Economics & Statistics, 1954, 36 (4): 387 - 389.

[67] Sarker T K, Burritt R L. Does Self-Regulation Improve Corporate Ecological Efficiency? An Empirical Investigation into the Australian Petroleum Industry from 1996 to 2002 [J]. APPEA Journal, 2005, 45 (3): 215 - 221.

[68] Schaltegger S, Sturm A. Ökologische Rationalität: Ansatzpunkte zur Ausgestaltung von ökologieorientierten Management-Instrumenten [J]. Die Unternehmung, 1990, 44 (4): 273 - 290.

[69] Stigler G J. The Theory of Economic Regulation [J]. Bell Journal of Economic and Management Science, 1971, 2 (1): 3 - 21.

[70] Testa F, Iraldo F, Frey M. The Effect of Environmental Regulation On Firms' Competitive Performance: The Case of the Building & Construction Sector in Some EU Regions [J]. Journal of Environmental Management, 2011, 92 (9): 2136.

[71] Wackernagel M. Our Ecological Footprint: Reducing Human Impact on the Earth [J]. Population & Environment, 1995, 1 (3): 171 - 174.

[72] Walter I, Ugelow J L. Environmental Policies in Developing Countries [J]. Ambio, 1979, 8 (2/3): 102 - 109.

[73] WBCSD. Eco-Efficiency: Leadership for Improved Economic and Environmental Performance [R]. Geneva: WBCSD, 1996: 3-16.

[74] WBCSD. Measuring Eco-Efficiency: A Guide to Reporting Company Performance [R]. 2000.

[75] Woods N D. Interstate Competition and Environmental Regulation: A Test of the Race-to-the-Bottom Thesis [J]. Social Science Quarterly, 2006, 87 (1): 174-189.

[76] Wooldridge J M. Econometric Analysis of Cross Section and Panel Data [M]. Cambridge: The MIT Press, 2010.

[77] 蔡海亚，徐盈之. 贸易开放是否影响了中国产业结构升级? [J]. 数量经济技术经济研究，2017 (10): 4-23.

[78] 曹秋菊. 外商直接投资与我国生态环境安全问题研究 [J]. 财经理论与实践，2007，28 (3): 30-32.

[79] 陈春根，钱静，应美群. 环境规制对我国制造业出口贸易竞争力影响的实证分析 [J]. 经济论坛，2013 (10): 83-86.

[80] 陈亮. 环境规制俘获的法律防范——基于美国经验的启示 [J]. 环球法律评论，2015 (1): 153-164.

[81] 陈瑞华. 信息经济学 [M]. 天津：南开大学出版社，2003.

[82] 陈晓红，傅滔涛，曹裕. 企业循环经济评价体系——以某大型冶炼企业为例 [J]. 科研管理，2012，33 (1): 47-55.

[83] 成刚. 数据包络分析方法与 MaxDEA 软件 [M]. 北京：知识产权出版社，2014.

[84] 程都，李钢. 环境规制强度测算的现状及趋势 [J]. 经济与管理研究，2017，38 (8): 75-85.

[85] 戴铁军，陆钟武. 钢铁企业生态效率分析 [J]. 东北大学学报 (自然科学版)，2005，26 (12): 1168-1173.

[86] 戴志敏，曾宇航，郭露. 华东地区工业生态效率面板数据研究——基

于整合超效率DEA模型分析 [J]. 软科学，2016，30（7）：35-39.
[87] 邓波，张学军，郭军华. 基于三阶段DEA模型的区域生态效率研究 [J]. 中国软科学，2011（1）：92-99.
[88] 樊兰. 环境规制、外商直接投资与工业集聚——基于省际动态面板数据的实证研究 [J]. 产经评论，2018（1）：26-39.
[89] 范庆泉，周县华，刘净然. 碳强度的双重红利：环境质量改善与经济持续增长 [J]. 中国人口·资源与环境，2015（6）：62-70.
[90] 傅京燕. 环境规制和产业国际竞争力 [M]. 北京：经济科学出版社，2006.
[91] 高瑜玲，林翊. 环境规制对区域生态效率的影响——基于中国省际面板数据的检验 [J]. 福建农林大学学报（哲学社会科学版），2018（3）：44-50.
[92] 谷平华，刘志成. 基于物质流分析的区域工业生态效率评价——以湖南省为例 [J]. 经济地理，2017（4）：143-150.
[93] 郭建万，陶锋. 集聚经济、环境规制与外商直接投资区位选择——基于新经济地理学视角的分析 [J]. 产业经济研究，2009（4）：29-37.
[94] 郭露，徐诗倩. 基于超效率DEA的工业生态效率——以中部六省2003—2013年数据为例 [J]. 经济地理，2016，36（6）：116-121.
[95] 郭庆. 信息不对称条件下的环境规制 [J]. 经济与管理评论，2007，23（4）：10-13.
[96] 韩永辉，黄亮雄，王贤彬. 产业结构优化升级改进生态效率了吗？[J]. 数量经济技术经济研究，2016（4）：40-59.
[97] 韩中华，付金方. 西方政府规制理论的发展及其对我国的启示 [J]. 中国矿业大学学报（社会科学版），2010，1（3）：38-39.
[98] 何其多. 单元环境产权模糊的经济学分析 [J]. 经济问题探索，2002（3）：30-33.
[99] 何为，刘昌义，刘杰，等. 环境规制、技术进步与大气环境质量——基

于天津市面板数据实证分析［J］. 科学学与科学技术管理，2015（5）：51－61.

［100］侯伟丽. 我国在国际贸易中表现出“环境相对比较优势”吗？——兼与王奇老师商榷［J］. 中国人口·资源与环境，2008，18（6）：46－50.

［101］华章琳. 生态环境公共产品供给中的政府角色及其模式优化［J］. 甘肃社会科学，2016（2）：251－255.

［102］黄平，胡日东. 环境规制与企业技术创新相互促进的机理与实证研究［J］. 财经理论与实践，2010，31（1）：99－103.

［103］黄清煌，高明，吴玉. 环境规制工具对中国经济增长的影响——基于环境分权的门槛效应分析［J］. 北京理工大学学报（社会科学版），2017，19（3）：33－42.

［104］黄清煌，高明. 中国环境规制工具的节能减排效果研究［J］. 科研管理，2016，37（6）：19－27.

［105］姬晓辉，汪健莹. 基于面板门槛模型的环境规制对区域生态效率溢出效应研究［J］. 科技管理研究，2016，36（3）：246－251.

［106］季丹. 中国区域生态效率评价——基于生态足迹方法［J］. 当代经济管理，2013，35（2）：57－62.

［107］贾丽虹. 外部性理论研究：中国环境规制与知识产权保护制度的分析［M］. 北京：人民出版社，2007.

［108］蒋殿春，张宇. 经济转型与外商直接投资技术溢出效应［J］. 经济研究，2008（7）：26－38.

［109］蒋伏心，王竹君，白俊红. 环境规制对技术创新影响的双重效应——基于江苏制造业动态面板数据的实证研究［J］. 中国工业经济，2013（7）：44－55.

［110］金贵，吴锋，李兆华，等. 快速城镇化地区土地利用及生态效率测算与分析［J］. 生态学报，2017，37（23）：8048－8057.

［111］孔佳南，邹晓明. 基于 DEA 的有色金属行业生态效率评价研究——

以江西省为例 [J]. 江西理工大学学报, 2015, 36 (6): 41－45.
[112] 李斌, 彭星. 环境规制工具的空间异质效应研究——基于政府职能转变视角的空间计量分析 [J]. 产业经济研究, 2013 (6): 38－47.
[113] 李钢, 董敏杰, 沈可挺. 强化环境管制政策对中国经济的影响——基于 CGE 模型的评估 [J]. 中国工业经济, 2012 (11): 5－17.
[114] 李贵奇. 基于生命周期思想的环境评估模型及其在铝工业中的应用 [D]. 长沙: 中南大学, 2011.
[115] 李虹, 董亮. 发展绿色就业提升产业生态效率——基于风电产业发展的实证分析 [J]. 北京大学学报 (哲学社会科学版), 2011 (1): 109－118.
[116] 李瑾. 环境政策诱导下的技术扩散效应研究 [J]. 当代财经, 2008 (7): 18－23.
[117] 李锴, 齐绍洲. 贸易开放、经济增长与中国二氧化碳排放 [J]. 经济研究, 2011 (11): 60－72.
[118] 李玲, 陶锋. 中国制造业最优环境规制强度的选择——基于绿色全要素生产率的视角 [J]. 中国工业经济, 2012 (5): 70－82.
[119] 李强. 环境规制与产业结构调整——基于 Baumol 模型的理论分析与实证研究 [J]. 经济评论, 2013 (5): 100－107.
[120] 李胜兰, 初善冰, 申晨. 地方政府竞争、环境规制与区域生态效率 [J]. 世界经济, 2014 (4): 88－110.
[121] 李永友, 沈坤荣. 我国污染控制政策的减排效果——基于省际工业污染数据的实证分析 [J]. 管理世界, 2008 (7): 7－17.
[122] 李勇刚, 张鹏. 产业集聚加剧了中国的环境污染吗——来自中国省级层面的经验证据 [J]. 华中科技大学学报 (社会科学版), 2013 (5): 97－106.
[123] 李在军, 姚云霞, 马志飞, 等. 中国生态效率的空间格局与影响机制分析 [J]. 环境科学学报, 2016, 36 (11): 4208－4217.
[124] 廖文杰, 蒋文举, 王洪涛, 等. 钛产业链的环境负荷分析 [J]. 环境科学与技术, 2007, 30 (10): 50－52.

[125] 林光平，龙志和，吴梅．中国地区经济σ—收敛的空间计量实证分析［J］．数量经济技术经济研究，2006，23（4）：14－21．

[126] 刘晨跃，徐盈之．环境规制如何影响雾霾污染治理？——基于中介效应的实证研究［J］．中国地质大学学报（社会科学版），2017（6）：47－59．

[127] 刘洁，李文．中国环境污染与地方政府税收竞争——基于空间面板数据模型的分析［J］．中国人口·资源与环境，2013，23（4）：81－88．

[128] 刘军，程中华，李廉水．产业聚集与环境污染［J］．科研管理，2016，37（6）：134－140．

[129] 刘子刚，郑瑜．基于生态足迹法的区域水生态承载力研究——以浙江省湖州市为例［J］．资源科学，2011，33（6）：1083－1088．

[130] 刘钻石，张娟．国际贸易对发展中国家环境污染影响的动态模型分析［J］．经济科学，2015，33（3）：79－92．

[131] 卢燕群，袁鹏．中国省域工业生态效率及影响因素的空间计量分析［J］．资源科学，2017，39（7）：1326－1337．

[132] 罗良文，张万里．区域绿色技术创新效率对生态效率的影响分析［J］．湖北社会科学，2017（3）：69－78．

[133] 罗能生，王玉泽．财政分权、环境规制与区域生态效率——基于动态空间杜宾模型的实证研究［J］．中国人口·资源与环境，2017，27（4）：110－118．

[134] 吕明元，安媛媛．环境规制与产业结构生态化转型——基于山东省十七地市的实证分析［J］．经济与管理评论，2014（6）：5－10．

[135] 吕明元，孙献贞，陈维宣．供给侧结构性因素对产业生态效率影响的实证研究——基于中国纺织业的DEA－Tobit分析［J］．科技管理研究，2018（6）：240－245．

[136] 马大来，陈仲常，王玲．中国省际碳排放效率的空间计量［J］．中国人口·资源与环境，2015（1）：67－77．

[137] 马海良，黄德春，姚惠泽．环境规制能刺激生产率增长吗？——来自

中国三大经济区域的实证研究 [J]. 中国科技论坛，2011，17 (12)：105-110.
[138] 马媛，尹华，崔巍. 环境规制方式与环境规制效果的关系研究 [J]. 环境科学与管理，2015 (8)：1-4.
[139] 马云泽. 规制经济学 [M]. 北京：经济管理出版社，2008.
[140] 毛建素，曾润，杜艳春，等. 中国工业行业的生态效率 [J]. 环境科学，2010，31 (11)：2788-2794.
[141] 梅国平，龚海林. 环境规制对产业结构变迁的影响机制研究 [J]. 经济经纬，2013 (2)：72-76.
[142] 梅雪芹. 工业革命以来西方主要国家环境污染与治理的历史考察 [J]. 世界历史，2000 (6)：20-28.
[143] 慕绣如. 环境规制与 FDI 的非线性关系研究 [J]. 现代管理科学，2016 (3)：70-72.
[144] 牛丽娟. 环境规制对西部地区能源效率影响研究 [D]. 兰州：兰州大学，2016.
[145] 潘彬，金雯雯. 货币政策对民间借贷利率的作用机制与实施效果 [J]. 经济研究，2017 (8)：80-95.
[146] 潘兴侠. 我国区域生态效率评价、影响因素及收敛性研究 [D]. 南昌：南昌大学，2014.
[147] 强永昌. 环境规制与中国对外贸易发展 [J]. 上海金融学院学报，2010 (6)：13-20.
[148] 曲振涛，杨恺钧. 规制经济学 [M]. 上海：复旦大学出版社，2006.
[149] 屈小娥. 中国环境质量的区域差异及影响因素——基于省际面板数据的实证分析 [J]. 华东经济管理，2017，31 (2)：57-65.
[150] 任海军，姚银环. 资源依赖视角下环境规制对生态效率的影响分析——基于 SBM 超效率模型 [J]. 软科学，2016，30 (6)：35-38.
[151] 任胜钢，蒋婷婷，李晓磊，等. 中国环境规制类型对区域生态效率影

响的差异化机制研究 [J]. 经济管理，2016 (1)：157-165.

[152] 芮俊伟，周贝贝，钱谊，等. 生态工业园区生态效率评估方法研究及应用 [J]. 生态与农村环境学报，2013，29 (4)：466-470.

[153] 邵帅. 环境规制如何影响货物贸易的出口商品结构 [J]. 南方经济，2017 (10)：115-129.

[154] 沈能. 环境效率、行业异质性与最优规制强度——中国工业行业面板数据的非线性检验 [J]. 中国工业经济，2012 (3)：56-68.

[155] 史普博. 管制与市场 [M]. 余晖，何帆，钱家骏，等译. 上海：格致出版社，1999.

[156] 苏芳，闫曦. 云南省循环经济发展的生态效率测度研究 [J]. 武汉理工大学学报（信息与管理工程版），2010，32 (5)：791-794.

[157] 王斌，傅强. 电网拓扑结构引致二氧化碳减排的空间溢出机制 [J]. 中国人口·资源与环境，2018 (2)：77-85.

[158] 王俊豪. 政府管制经济学导论 [M]. 北京：商务印书馆，2001.

[159] 王雷，黄聪. 我国环境规制对不同来源国 FDI 的影响 [J]. 南京审计学院学报，2012，9 (6)：69-76.

[160] 王润桃，霍李江，王文生. 包装产品生态效率量化评价方法探讨 [J]. 包装工程，2012 (7)：66-70.

[161] 王姗姗，徐吉辉，邱长溶. 能源消费与环境污染的边限协整分析 [J]. 中国人口·资源与环境，2010，20 (4)：69-73.

[162] 王询，张为杰. 环境规制、产业结构与中国工业污染的区域差异——基于东、中、西部 PanelData 的经验研究 [J]. 财经问题研究，2011 (11)：23-30.

[163] 王妍，卢琦，褚建民. 生态效率研究进展与展望 [J]. 世界林业研究，2009，22 (5)：27-33.

[164] 温忠麟，叶宝娟. 中介效应分析：方法和模型发展 [J]. 心理科学进展，2014，22 (5)：731-745.

[165] 温忠麟，张雷，侯杰泰，等. 中介效应检验程序及其应用 [J]. 心理学报，2004，36 (5)：614-620.

[166] 吴力波，汤维祺. 自由贸易抑或贸易保护——国际贸易的经济增长效应再考察 [J]. 世界经济研究，2010 (11)：44-49.

[167] 吴玉鸣. 外商直接投资与环境规制关联机制的面板数据分析 [J]. 经济地理，2007，27 (1)：11-14.

[168] 伍格致，游达明. 环境规制对技术创新与绿色全要素生产率的影响机制：基于财政分权的调节作用 [J]. 管理工程学报，2019，33 (1)：42—55.

[169] 夏永久，陈兴鹏，李娜. 西北河谷型城市环境政策评价研究——以兰州市为例 [J]. 兰州大学学报 (自然科学版)，2006，42 (2)：1-5.

[170] 向艺. 旅游经济发展水平测度及其差异性的空间计量分析 [D]. 成都：西南交通大学，2015.

[171] 肖国兴. 论中国资源环境产权制度的架构 [J]. 环境保护，2000 (11)：7-9.

[172] 谢波，单灿阳，张成浩. 科技创新、环境规制对区域生态效率的影响研究 [J]. 生态经济，2018 (4)：86-92.

[173] 谢涓，李玉双，韩峰. 环境规制与经济增长：基于中国省际面板联立方程的分析 [J]. 经济经纬，2012 (5)：1-5.

[174] 谢众，张先锋，卢丹. 自然资源禀赋、环境规制与区域经济增长 [J]. 江淮论坛，2013 (6)：61-67.

[175] 徐成龙，程钰. 新常态下山东省环境规制对工业结构调整及其大气环境效应研究 [J]. 自然资源学报，2016，31 (10)：1662-1674.

[176] 徐月亮. 公共产品理论视阈下环境保护的自我激励 [J]. 内蒙古农业大学学报 (社会科学版)，2006，8 (3)：153-155.

[177] 徐志伟. 工业经济发展、环境规制强度与污染减排效果——基于“先污染，后治理”发展模式的理论分析与实证检验 [J]. 财经研究，2016，42 (3)：134-144.

[178] 颜艳秋. 环境规制强度对中国产业结构升级影响的实证研究 [D]. 南京：南京航空航天大学，2015.

[179] 杨红娟，张成浩. 企业技术创新对生态效率提升的有效性研究 [J]. 经济问题，2016 (12)：71-76.

[180] 杨小凯，张永生. 新兴古典经济学和超边际分析 [M]. 北京：中国人民大学出版社，2000.

[181] 叶祥松，彭良燕. 我国环境规制的规制效率研究——基于 1999—2008 年我国省际面板数据 [J]. 经济学家，2011 (6)：81-86.

[182] 易志斌. 地方政府竞争的博弈行为与流域水环境保护 [J]. 经济问题，2011 (1)：60-64.

[183] 尤济红，高志刚. 政府环境规制对能源效率影响的实证研究——以新疆为例 [J]. 资源科学，2013，35 (6)：1211-1219.

[184] 于金，李楠. 高管激励、环境规制与技术创新 [J]. 财经论丛（浙江财经大学学报），2016，210 (8)：105-113.

[185] 袁宝龙，张坤. 制度“解锁”能够释放制造业绿色发展的活力吗？基于 2003—2014 年 28 个行业面板数据的证据 [J]. 华东经济管理，2017，31 (9)：104-111.

[186] 原毅军，谢荣辉. 环境规制的产业结构调整效应研究——基于中国省际面板数据的实证检验 [J]. 中国工业经济，2014 (8)：57-69.

[187] 曾冰，郑建锋，邱志萍. 环境政策工具对改善环境质量的作用研究——基于 2001—2012 年中国省际面板数据的分析 [J]. 上海经济研究，2016 (5)：39-46.

[188] 臧传琴，刘岩，王凌. 信息不对称条件下政府环境规制政策设计——基于博弈论的视角 [J]. 财经科学，2010 (5)：63-69.

[189] 张博，韩复龄. 环境规制、隐性经济与环境污染 [J]. 财经问题研究，2017 (6)：22-29.

[190] 张弛，任剑婷. 基于环境规制的我国对外贸易发展策略选择 [J]. 生

态经济，2005（A10）：169－171.

[191] 张红凤．制约、双赢到不确定性——环境规制与企业竞争力相关性研究的演进与借鉴［J］．财经研究，2008，34（7）：16－26.

[192] 张华．地区间环境规制的策略互动研究——对环境规制非完全执行普遍性的解释［J］．中国工业经济，2016（7）：74－90.

[193] 张健，杨佳伟，崔海洋．基于网络DEA模型的我国区域生态效率评价研究［J］．软科学，2016，30（8）：15－19.

[194] 张可，豆建民．集聚与环境污染——基于中国287个地级市的经验分析［J］．金融研究，2015（12）：32－45.

[195] 张倩．环境规制对技术创新的非线性影响研究——基于中国2003—2011年省际面板数据分析［J］．北京交通大学学报（社会科学版），2016，15（1）：65－73.

[196] 张瑞．环境规制、能源生产力与中国经济增长［D］．重庆：重庆大学，2013.

[197] 张五常．经济解释［M］．北京：商务印书馆，2001.

[198] 张熙鸣．中国高新技术产业R&D投入对产出的直接效应和溢出效应之研究［D］．上海：上海社会科学院，2016.

[199] 张晓莹．环境规制对中国污染产业贸易竞争力影响机理研究［J］．经济与管理评论，2015（3）：38－45.

[200] 张子龙，薛冰，陈兴鹏，等．中国工业环境效率及其空间差异的收敛性［J］．中国人口·资源与环境，2015，25（2）：30－38.

[201] 赵红．环境规制对产业技术创新的影响——基于中国面板数据的实证分析［J］．产业经济研究，2008（3）：35－40.

[202] 赵玉民，朱方明，贺立龙．环境规制的界定、分类与演进研究［J］．中国人口·资源与环境，2009，19（6）：85－90.

[203] 植草益．微观规制经济学［M］．朱绍文，胡欣欣，等译．北京：中国发展出版社，1992.

[204] 周肖肖，丰超，胡莹，等. 环境规制与化石能源消耗——技术进步和结构变迁视角 [J]. 中国人口·资源与环境，2015，25 (12)：35-44.

[205] 朱乔. 数据包络分析（DEA）方法综述与展望 [J]. 系统管理学报，1994 (4)：1-9.

[206] 朱向东，贺灿飞，李茜，等. 地方政府竞争、环境规制与中国城市空气污染 [J]. 中国人口·资源与环境，2018 (6)：103-110.

附　　录

附表 1　环境规制强度数据

地区	省份	2010 年	2011 年	2012 年	2013 年	2014 年	2015 年	地区平均值
东北	辽　宁	0.8274	0.3947	0.3514	0.2951	0.1983	0.4992	0.3523
	吉　林	0.1620	0.0948	0.1180	0.1341	0.1447	0.2594	
	黑龙江	0.2037	0.8156	0.8375	0.6964	0.1112	0.1987	
东部	北　京	0.0812	0.1885	0.2122	0.6257	0.6338	0.6028	0.1805
	天　津	0.0791	0.0309	0.0397	0.0491	0.0628	0.2544	
	河　北	0.1457	0.1578	0.1932	0.1717	0.1794	0.3263	
	上　海	0.1142	0.0589	0.0507	0.0846	0.0724	0.3101	
	江　苏	0.1852	0.1402	0.1429	0.1197	0.1252	0.3662	
	浙　江	0.4089	0.2013	0.1879	0.1825	0.2327	0.7130	
	福　建	0.1449	0.0980	0.0914	0.1191	0.0623	0.2941	
	山　东	0.1095	0.0946	0.0940	0.0870	0.1083	0.2831	
	广　东	0.1615	0.1113	0.0976	0.1065	0.1064	0.5803	
	海　南	0.0444	0.0281	0.0297	0.0318	0.0475	0.1654	

续表

地区	省份	2010年	2011年	2012年	2013年	2014年	2015年	地区平均值
西部	内蒙古	0.2173	0.1874	0.2211	0.1761	0.2091	0.3361	0.1531
	广　西	0.1418	0.0571	0.0684	0.0865	0.0553	0.1121	
	重　庆	0.0841	0.1239	0.1207	0.1428	0.0991	0.3031	
	四　川	0.0813	0.0732	0.0816	0.1039	0.0675	0.0951	
	贵　州	0.1394	0.1219	0.1909	0.1641	0.1417	0.2488	
	云　南	0.1376	0.0993	0.1180	0.1066	0.0970	0.1501	
	陕　西	0.1048	0.0953	0.1152	0.1312	0.1331	0.2902	
	甘　肃	0.1056	0.0898	0.1025	0.0926	0.1144	0.2313	
	青　海	0.0944	0.0558	0.0840	0.0837	0.0834	0.2092	
	宁　夏	0.1976	0.1559	0.2384	0.3217	0.2959	0.4108	
	新　疆	0.1859	0.1468	0.1958	0.2361	0.2390	0.3014	
中部	山　西	0.3042	0.2717	0.2621	0.2552	0.2577	0.3921	0.1590
	安　徽	0.0909	0.0565	0.0869	0.0765	0.0741	0.1262	
	江　西	0.2537	0.1377	0.2000	0.2267	0.2973	0.2989	
	河　南	0.1055	0.0654	0.0940	0.0835	0.0753	0.1299	
	湖　北	0.1341	0.0770	0.0823	0.0874	0.0639	0.1940	
	湖　南	0.1684	0.1160	0.1239	0.1369	0.1089	0.2103	

附表2　命令控制型环境规制数据

地区	省份	2010年	2011年	2012年	2013年	2014年	2015年	地区平均值
东北	辽　宁	4.5287	4.1804	4.1236	3.9706	3.5100	3.7080	3.6444
	吉　林	3.0920	2.9180	3.0888	3.2180	3.4633	3.0430	
	黑龙江	2.9680	4.4892	4.5791	4.5847	2.9974	3.1361	

续表

地区	省份	2010 年	2011 年	2012 年	2013 年	2014 年	2015 年	地区平均值
东部	北　京	3.2490	3.7072	3.8553	4.3726	4.2454	3.6446	3.4888
	天　津	1.8325	2.2148	2.2878	2.5670	2.5966	2.9965	
	河　北	3.6138	3.7711	3.6760	3.7641	3.6847	3.6358	
	上　海	3.0689	3.0637	2.9836	3.3314	3.3023	3.4141	
	江　苏	3.9870	3.7904	3.6991	3.7644	3.7931	3.9005	
	浙　江	4.2896	3.9972	3.9887	3.9991	4.0811	4.0627	
	福　建	3.4912	3.4336	3.3826	3.5763	3.4567	3.5331	
	山　东	3.7920	3.8465	3.6865	3.7740	3.8974	3.9241	
	广　东	4.0783	4.0571	4.0012	4.0470	4.0604	4.3019	
	海　南	2.3324	2.3711	2.2625	2.3579	2.6749	2.7566	
西部	内蒙古	3.1163	3.2090	3.1116	3.0550	3.3558	3.1931	2.9307
	广　西	2.8482	2.9460	2.8768	2.8102	2.8228	3.1694	
	重　庆	2.9657	3.1898	2.9053	3.1623	3.2055	3.3934	
	四　川	3.0542	3.2477	3.2030	3.2119	3.2679	3.3700	
	贵　州	2.8376	2.6590	2.9974	2.9320	3.0249	3.2758	
	云　南	2.9745	3.1532	2.9370	3.0752	2.9657	3.3379	
	陕　西	3.1875	3.1590	3.1062	3.2428	3.3746	3.4093	
	甘　肃	2.5809	2.7404	2.5198	2.6884	2.8639	3.1159	
	青　海	1.6721	1.8325	1.9243	2.3243	2.2695	2.5366	
	宁　夏	2.4698	2.0086	2.4624	2.7474	2.7657	2.6981	
	新　疆	3.2896	3.2360	3.1884	3.0512	3.0785	3.0224	
中部	山　西	3.4381	3.3193	3.2833	3.1956	3.2433	3.3341	3.2287
	安　徽	2.8791	2.8388	2.8228	2.8825	2.9395	3.0667	
	江　西	3.2867	3.2856	3.2348	3.1912	3.2049	3.1335	
	河　南	3.6745	3.3251	3.3113	3.2898	3.4501	3.5452	
	湖　北	3.2052	3.2066	3.0824	3.3487	3.1559	3.4033	
	湖　南	3.1948	3.4275	3.3306	3.2350	3.2177	3.2492	

附表3　市场激励型环境规制数据

地区	省份	2010年	2011年	2012年	2013年	2014年	2015年	地区平均值
东北	辽　宁	6.1836	6.0085	5.1778	5.2166	4.3983	3.0399	3.7040
	吉　林	4.6760	3.2919	2.8124	2.6509	2.3541	2.1662	
	黑龙江	4.1914	3.4741	3.1641	3.2597	2.3123	2.2945	
东部	北　京	0.2200	0.1753	0.1736	0.1613	1.1591	1.1128	2.2994
	天　津	1.8820	1.7373	1.4902	1.3011	2.2898	3.3489	
	河　北	6.7280	6.0670	6.2668	5.8831	5.1353	5.4941	
	上　海	1.4411	1.2241	0.9395	1.0379	0.7476	0.9486	
	江　苏	4.7988	4.0874	3.5255	3.3800	2.8270	2.4379	
	浙　江	3.4646	2.9531	2.4884	1.9858	2.3518	1.9270	
	福　建	2.4022	2.1631	1.7306	1.5483	1.3342	1.4653	
	山　东	3.4881	3.0840	2.9520	2.8952	2.4331	2.1531	
	广　东	1.9212	1.7339	1.5306	1.4950	1.2629	0.9780	
	海　南	1.7097	1.3751	1.2362	1.4353	1.2426	1.1999	
西部	内蒙古	6.8313	6.3958	6.1939	5.9707	4.9459	3.9646	4.4322
	广　西	4.3912	2.2519	2.0710	1.9170	1.4982	1.3506	
	重　庆	4.5327	3.7129	3.1852	3.0499	2.4959	2.4907	
	四　川	3.2072	2.8796	2.3175	2.7916	1.9218	1.6391	
	贵　州	9.7525	7.7964	7.4734	6.8066	4.7096	3.5159	
	云　南	3.9008	3.5494	3.5306	3.0521	2.7095	1.3887	
	陕　西	4.5855	4.1512	3.7813	3.7510	3.5085	3.2698	
	甘　肃	5.1380	5.2379	4.1230	3.7146	2.8752	3.4034	
	青　海	4.6466	3.8133	3.5700	3.3064	3.1897	3.0876	
	宁　夏	7.2234	7.5538	7.6009	6.6014	9.4230	6.9202	
	新　疆	5.9294	5.4235	6.2505	7.7083	7.2716	5.2726	

续表

地区	省份	2010 年	2011 年	2012 年	2013 年	2014 年	2015 年	地区平均值
中部	山　西	17.3208	17.0373	10.4455	12.0041	8.9727	7.3661	4.7099
	安　徽	4.1831	3.0813	3.3046	2.8528	2.7206	2.4089	
	江　西	5.1925	5.4488	6.5108	5.8639	5.4601	4.9999	
	河　南	3.6709	3.4491	3.5268	2.9672	2.3349	2.1340	
	湖　北	2.3173	1.9699	1.8043	1.6440	1.5487	1.7476	
	湖　南	3.3093	3.0582	2.7120	2.3267	2.0566	1.8037	

附表 4　公众参与型环境规制数据

地区	省份	2010 年	2011 年	2012 年	2013 年	2014 年	2015 年	地区平均值
东北	辽　宁	3.4349	3.4794	3.4794	3.414	3.4024	3.3679	3.3437
	吉　林	2.9609	3.1242	3.1242	3.0810	2.9965	3.2751	
	黑龙江	3.3844	3.8358	3.8358	3.3522	3.3727	3.2651	
东部	北　京	2.1239	2.2455	2.2455	2.5237	2.5051	2.3747	2.8870
	天　津	2.5453	2.3560	2.3560	2.4871	2.4518	2.4829	
	河　北	2.7903	3.3711	3.3711	3.2279	3.3259	3.2732	
	上　海	2.8254	2.7419	2.7419	2.7597	2.7825	2.6848	
	江　苏	3.0504	3.5569	3.5569	3.2601	3.3206	3.3930	
	浙　江	3.3288	3.3543	3.3543	3.3430	3.3141	3.2971	
	福　建	2.9666	3.0799	3.0799	3.1156	2.4362	3.0622	
	山　东	2.9430	3.1565	3.1565	3.1116	3.2615	3.3109	
	广　东	3.4050	3.3851	3.3851	3.4464	3.4530	3.4733	
	海　南	1.6232	1.7634	1.7634	1.9138	2.0253	2.1818	